乡村振兴背景下环县羊产业发展路径、机制及模式

马金娥　张英英　侯庆丰　薛小东　著

中国农业出版社
农村读物出版社
北　京

前　言

　　党的十八大以来，以习近平同志为核心的党中央团结带领全党全国各族人民，把脱贫攻坚摆在治国理政的突出位置，采取了许多具有原创性、独特性的重大举措，组织实施了人类历史上规模最大、力度最强的脱贫攻坚战，全国832个贫困县全部摘帽，在现行标准下近1亿农村贫困人口全部脱贫，提前10年实现了《联合国2030年可持续发展议程》的减贫目标。在世界东方这片古老土地上，中国共产党带领中国人民创造了人类有史以来规模最大、持续时间最长、惠及人口最多的减贫奇迹，为其他国家尤其是广大发展中国家提供了重要启示和有益借鉴，深刻影响了人类减贫事业的历史进程。

　　环县曾为国家级贫困县，地处甘肃省东部、庆阳市西北部，属六盘山片区贫困县，生态脆弱、资源匮乏，2013年建档立卡时，贫困人口达12.79万，贫困发生率高达39.28%。为了解决贫困问题，政府采取了多项措施，包括资金支持、基础设施建设、产业培育等。经过10多年的努力，215个贫困村全部出列，3.26万户14.05万农村贫困人口如期脱贫，历史性地撕掉了贫困标签，书写了脱贫攻坚战的奇迹，在陇东革命老区红色基因传承的大地上谱写了"念羊经、兴羊业、发羊财"的壮丽篇章，历史性地定格了在陇东黄土大塬"沟、峁、梁、塬"纵横交错的红色热土上决战精准扶贫的模式、经验、精神、财富，为全国在"黄土大塬"区域经济发展树立了典范，为衔接乡村振兴战略实施奠定了坚实的基础。

　　近年，经过不断探索，形成了肉绵羊、奶山羊、陇东黑山羊"三羊开泰"的种质资源支撑羊产业之"芯"，肉绵羊"三级二元"模式支撑羊产业之"链"，奶山羊、陇东黑山羊壮大羊产业之"坚"，党政＋企＋社＋村＋户"五位一体"驱动产业链环节协调之"扣"，高质量羊产业地域品牌凝练"全产业链＋全价值链＋全循环链"升值之"魂"。2020年环县羊只饲养量达到220.3万只（存栏120.3万只、出栏100万只），总产值突破30亿元，羊产业贡献农民人均增收5 200元。形成了产学研政、产供加销一体化产业格局。伟赫乳业集团有限公司、庆环肉羊制种有限公司、环县中盛羊业发展有限公司、荟荣草业有限公司、环县牧康牧业发展有限公司等龙头企业引领示范，268个农民专业合作社和48 000个家庭牧场实体成为环县羊产业的中流砥柱。招商引资伟赫乳业，该集团计划投资11亿元，截至目前，已完成投融资5.1亿元，自澳大利亚引入萨能、吐根堡、阿尔卑斯三个奶山羊群体组成核心育种群，引进约克郡奶山羊群体正在推进，扩繁20万只奶山羊基地一期工程建成完工，二期、三期正在筹措开工建设；年生产18万吨乳制品加工厂建成完工，2万吨奶山羊乳喷粉加工厂进入设备选型阶段。以庆环肉羊制种有限公司为支撑，100万只高档商品羊生产繁育体系建设的育种场建成投产，农民专业合作社为支撑的制种场建成完工。招商引资中盛公司，年屠宰加工100万只肉羊的生产线已经建成投产，年产12万吨饲料厂一期工程建成投产。国有独资现代化农业企业荟荣草业有限公司集牧草种植、收割、加工、购销为一体，200万亩①苜蓿种植基地、100万亩燕麦种植基地、100万亩农作物秸秆饲用化利用基地目前已建成运行。

环县羊产业发展是历史的选择。千百年来，环县老百姓一路和羊业相伴而行，农民素有种草养羊的传统，《史记》记载，"北有戎翟之畜，畜牧为天下饶"，便是指环县一带畜牧业发展的盛况。环县人善养羊，全县养羊户达到4.8万户，养得少的有十来只，养得多的有一两百只，积累了丰富的养殖经验。环县人喜食羊，每年端午等传统节日都要吃羊肉，"吃羊肉袖子一卷，心慌了窑洞一喊"是环县人最真实的生活写照。环县人依赖羊，家庭经济收入的50％以上来自羊产业，衣食住行几乎离不开羊，发展羊产业具有深厚的群众基础。从最初的"满山遍野放牧，家家户户养羊"，到"满山遍野种草，家家户户养羊"，再到"全设施养羊，新品种引进"，至今实现了"良种化、标准化、规模化、品牌化、绿色化"，一路步履艰难。现如今已是沧海变桑田，全县人

---

① 亩为非法定计量单位，1亩＝1/15公顷。——编者注

民正昂首阔步奋进新时代，谱写崭新的羊产业高质量发展的壮丽篇章。

环县羊产业发展具有天然的自然和区位优势。环县总面积 9 236 千米²，草地面积 870 万亩，耕地面积 359 万亩，人均耕地面积约 10 亩，是全国人均耕地面积的 6.2 倍，全省人均耕地面积的 3.1 倍，为种草养羊提供了广阔的土地条件。环县属温带干旱半干旱大陆性季风气候，日照充足，无霜期短，昼夜温差大，有利于牧草营养物质积累，非常适宜紫花苜蓿生长，优质紫花苜蓿留存面积 100 万亩，其蛋白质含量高达 18.8%，是养羊的最佳饲草。环县山川塬台，沟壑梁峁纵横，地形地貌特殊，通风条件良好，每一个山峁咀梢都是一个肉羊生长的天然隔离区和自然防疫屏障。天然生长的地椒、甘草、麻黄等可供羊食用的"中药材"有 100 多种，还有 100 多万亩玉米等作物秸秆，青贮技术成熟，饲草原料充沛，保障了羊只饲草多样性的需要。境内沟道 95% 以上都是苦咸水，水质矿化度高，富含硫化钠和氯化钠等显碱性、中性物质，适宜羊只饮用，有利于进行"天然排酸"。独特的气候条件和天然草场培育造就了环县羊羔肉独特的品质。同时，环县境内有银西高铁、甜永高速、211 国道纵贯南北、连接宁陕，南距庆阳机场、北距银川河东国际机场各 1 小时左右车程，是陇东地区的西北门户，北上西出的"重要枢纽"，为环县羊产业"走出去"提供了便利条件。

环县羊产业发展是实现共同富裕的必然选择。环县羊饲养量由 2018 年的 155 万只增加到 2021 年底的 315 万只，存栏量达 134.8 万只，羊产业产值达到 50 亿元，为打赢脱贫攻坚战发挥了重要作用，全县累计脱贫 215 个村、32 630 户、140 556 人，80% 以上农户都是通过发展羊产业实现脱贫。习近平总书记强调，"要推动乡村产业振兴，紧紧围绕发展现代农业，围绕农村一二三产业融合发展，构建乡村产业体系，实现产业兴旺""产业扶贫是最直接、最有效的办法，也是增强贫困地区造血功能、帮助群众就地就业的长远之计""要延伸产业链条，提高抗风险能力，建立更加稳定的利益联结机制，确保贫困群众持续稳定增收"等。环县政府始终如一，认真贯彻落实习近平总书记重要论述，优化完善了全县羊产业发展总体思路，即坚持用工业思维发展羊产业，按照推广优质肉用羊、引育高产奶山羊、提纯特色黑山羊"三羊开泰"的总体思路，健全完善"五级二元"生产体系，优化政、企、研、社、村、户、服"七位一体"产业联合体，做大规模数量、提升品牌质量、增强科技含量、扩大服务增量，走好"三羊开泰、共发羊财"的绿色发展之路。

环县羊产业发展是历届县委、县政府顶层设计和广大农民实践探索的结果。环县人民为了摘掉"贫困县"的帽子，离不开历届县委、县政府接续奋斗，顶层设计，按照"一条产业链"布局谋篇，以"全产业链、全价值链、全循环链"升值为总体目标、以"生态健康、高效生产、品牌建设"为重点任务，以"草畜平衡、精准管理、品牌标识"三项途径为抓手，以"高效繁育技术、高效营养技术、品质肥育技术、生物安全技术、产品品质标识技术"为具体措施，全方位深层次系统性推进产业精准扶贫和乡村振兴战略实施。带领人民在脱贫攻坚事业中倾力奉献、苦干实干，铸就了脱贫攻坚战的丰硕成果。特别是党中央决策精准扶贫战略实施以来，以及甘肃省确定将"牛羊果蔬药薯+"产业作为脱贫攻坚的重点产业以来，环县县委、县政府进一步优化扶贫资源精准化配置，提升羊产业支撑脱贫攻坚的能力，县委、县政府确定按照"政府重点推动、草畜结合联动、种养循环拉动"的发展方向，全县人民拉开架势，以锲而不舍、钉钉子的精神推动环县羊产业全产业链纵深发展。

在中国式现代化建设的新征程上，如何推进环县羊产业高质量发展？重点突出解决全产业链高质量全环节发展"卡脖子"的短板，正确处理优质专用与特色优势的协调、新产业与新业态的关系，增加有效供给、拓展高端供给。

1. 抓住种质资源支撑环县羊产业的战略制高点

一是大力发展优质专用肉绵羊，系统组织一个完整的繁育体系，从根本上解决生产高效、产品规格、产品品质的高质量标准；二是积极发展特色优势奶山羊，鼓励伟赫乳业集团有限公司引进萨能、吐根堡、阿尔卑斯三个奶山羊群体；三是不断推进特色优势黑山羊发展，利用陇东黑山羊适应当地环境、抗逆性强的特点和兼具肉、绒的经济性状，特别是风味独特的羊肉品质，大力发展地方土特产。一个品种支撑一个产业，一个产业致富一方人民。面对打赢种业翻身仗的战略机遇期，充分利用地方优良品种保护开发的有利条件，为陇东羊产业守护种质资源，为民众餐桌奉献精品羊肉。建立陇东黑山羊保种场，系统选育陇东黑山羊提高其生产性能；选育保护与开发利用并举，互融互促；充分利用环县天然草场优势资源，建立轮牧结合舍饲生产体系，形成天然优质的品牌内涵。

2. 深耕生产经营和产业体系

思考环县羊产业所取得的成就，其中一个很重要的因素是环县具有广阔的耕地资源，为环县羊产业"政府重点推动、草畜结合联动、种养循环拉动"的战略意图奠定了强大基础，才使得"念羊经、兴羊业、发羊财"的战略目标得以实现。

环县羊产业营养供应体系应深耕广阔强大的耕地资源，升级为养而种。第一，将环县羊产业饲草料生产置于全产业链之中，并牢牢地端在环县人民的手里；第二，将为养而种升级为羊产业全日粮、全营养，为品质产品和品质品牌而种；第三，全县羊产业饲草料生产体系布局应精准化、网格化管理。

3. 筑牢羊产业生物安全防火墙

生物安全涉及人畜共患疾病、公共资源消耗、国际贸易、产品安全、健康品质消费等方面。筑牢羊产业生物安全防火墙是为环县羊产业高质量发展保驾护航的关键控制点。环县羊产业生物安全的健康管理首先要立足全县域管理到产业链的每个环节，包括人流、物流生物安全监测及其专用通道，水体符合卫生指标、环境安全消杀，人居与畜群分离，生产垃圾、生活垃圾、生物垃圾安全处理，防疫灭病资源管理、羊只健康水平评级等，这些都要制定严格的执行标准；其次，要利用非抗生素技术和产品（如纯天然植物精油、抗菌肽）从饲料源头灭减其滋生的有害微生物及其毒素，同时全消化道维护不同生产性质羊群的健康，给高效养殖与品质生产奠定坚实的基础。

4. 提升环县羊产业全产业链协调发展

要瞄准"优质专用肉绵羊、特色优势奶山羊、特色优势黑山羊"高效高质生产的全要素，厘清生产性质与目标，以问题为导向，分类指导并补齐短板。"优质专用肉绵羊"，即重点突破100万只高档商品羊生产的繁育体系建设并高效健康运行。"特色优势奶山羊"，即重点突破高产优质奶山羊核心育种群组建并开始系统选育，加大力度扩大生产群规模，为乳品加工场提供加工奶源。"特色优势黑山羊"，即重点突破保种选育群体组建与优质商品生产体系构建，优质天然生产模式建设。

5. 持续提升能力健全公共服务体系

环县羊产业高质量发展是一项宏大的系统工程，全县干部群众要全动员、全参与。"思想到位、意识到位、自觉到位、行动到位"是关键。要建立健全环县羊产业高质量发展公共服务机构，持续提高其服务能力与水平，创新公共服务体制机制，高效推动环县羊产业高质量发展。环县羊产业发展的日日夜夜、点点滴滴，饱含了干部、群众等每个参与者的情怀。在环县羊产业阔步启航乡村振兴战略实施的新征程之际，不断创新和发展新质生产力，推动羊产业高质量发展。

6. 加强科研创新及团队建设

组织省内外高端专家形成科研团队，解决由于资源环境约束加大、产业现代化智能化比重偏低、产业化经营水平不高、良种繁育体系不健全、饲料开发利用不足、专业人才欠缺、产业竞争力不强、农业社会化服务体系不健全、产业全产业链不健全等制约羊产业发展的关键问题。强化制度建设，形成专家现场指导、研究生驻点指导，大力推进科技培训、探索多种示范引领机制。

7. 致力打造羊产业品牌建设

打造羊产业品牌为乡村振兴战略实施和区域经济社会发展释放更大的红利。品牌是产业、企业最有价值的资产。一个品牌远远不止外表看起来那么简单，外表只看得到LOGO、广告或者标语。

环县羊产业品牌建设包括地方政府主导的地域品牌和企业、农户主导的产品品牌，二者互为依存，互为支撑。环县羊产业品牌建设要以赢得消费者并实时供应稳定品质的羊乳、羊肉为出发点，要在提升标识全产业链各环节生产特性和产品品质上下功夫，要实现超过竞争者的溢价，吸引顾客。在行业经济不景气时帮助产业渡过难关，弱化商业危机、成为商誉的蓄积。

著　者

2024 年 8 月

目　录

前言

第一章
众口一词念"羊"经　同心共筑振兴梦

　　畜牧业是我国农业农村经济的支柱产业，是保障肉蛋奶等"菜篮子"产品市场有效供给的战略产业，是农业结构调整的纽带产业，也是促进农民增收的重要产业。国家重视畜牧业发展，《中华人民共和国国民经济和社会发展第十四个五年规划和2035年远景目标纲要》强调，要大力发展现代畜牧业，加快转型升级建设现代畜牧业。2021年中央1号文件《中共中央、国务院关于全面推进乡村振兴加快农业农村现代化的意见》指出，"积极发展牛羊产业"。《全国乡村产业发展规划（2020—2025年）》指出，"打造'一县一业''多县一带'，在更大范围、更高层次上培育产业集群，形成'一村一品'微型经济圈、农业产业强镇小型经济圈、现代农业产业园中型经济圈、优势特色产业集群大型经济圈，构建乡村产业'圈'状发展格局"。

　　甘肃省位居我国西北地区的农牧交错带，是全国牛羊肉主产区、主销区，也是西北地区重要的牛羊肉生产供应基地。甘肃省委、省政府对转变经济发展方式、加快畜牧养殖业发展高度重视，《甘肃省现代丝路寒旱农业优势特色产业三年倍增行动计划总体方案（2021—2023年）》指出，"坚持农业农村优先发展，以实施乡村振兴战略为总抓手，以'牛羊菜果薯药'等优势特色产业为重点，以区域特色产品为补充，以现代农业产业园区创建和产业基地建设为引领，以一二三产业融合发展为路径，发挥'独一份''特别特''好中优''错峰头'的特色农产品优势，突出'产业集群、龙头集中、技术集成、要素集聚、保障集合'，健全完善生产组织、投入保障、产销对接、风险防范'四大体系'，延长产业链，提升价值链，培育发展新动能，丰富乡村经济业态，加快实现产业扶贫向产业振兴转变"。

　　环县作为庆阳市乃至甘肃省有名的养羊大县，地处甘肃省东部，庆阳市西北部，属陇东黄土高原丘陵沟壑区，境内山大沟深，防疫隔离条件优越，加之环县地处北方农牧交错带，饲草资源丰富多样，是传统的农牧业大县，农民素有种草养羊的优良传统。肉羊产业是环县农业经济的"基本盘"，也是助农增收的"优势盘"。近年，环县坚持用工业思维发展羊产业，按照推广优质肉用羊、引育高产奶山羊、提纯特色黑山羊"三羊开泰"的总体发展思路，健全完善"五级二元"生产体系，优化政、企、研、社、村、户、服"七位一体"产业联合体，做大规模数量、提升品牌质量、增强科技含量、扩大服务增量，走好"三羊开泰"、共发"羊"财的绿色发展之路。

一、政府重视构建顶层设计

环县坚决落实中央农村工作会议和省、市、县委农村工作会议精神，坚定不移贯彻新发展理念，持续走好"引育繁推一体化、种养加销一条龙、服务保障一盘棋"的发展路子，推动育种、生产、育肥、加工、销售等环节全面提质升级，促进以羊产业高质量发展推动乡村全面振兴，加快融入国内大循环和国内国际双循环的发展新格局，为实现农业现代化开好局、起好步提供有力支撑。

（一）顶层设计把方向

环县县委、县政府结合全县肉羊产业发展基础及布局，以农业转型升级、畜牧生产方式转变为主线，以肉羊产业提质增效为根本目的，坚持产业化带动、规模化发展、标准化养殖、品牌化引领，按照"外引良种多胎羊、杂交选育优质羊、提纯复壮本土羊、进口繁育奶山羊"的羊产业发展思路，因地制宜，发展良种肉羊、山羊、奶羊，走好"三羊开泰"的道路。

第一，推广优质肉用羊，依托庆环肉羊制种基地开展种质资源培育，引进南丘、萨福克、陶赛特等纯种父本核心群，与湖羊母本杂交选育，加快培育繁殖效率高、生长发育快、抗病性能强的肉羊新品种。以中盛、牧康、庆环三家龙头企业为调引渠道，各乡镇"331＋"养殖合作社和千只湖羊标准化示范社为扩繁主体，生产供应湖羊良种母羊，确保所有湖羊养殖合作社满负荷运营，保障湖羊养殖专业户种畜需求。

第二，引育高产奶山羊。伟赫乳业建成 10 万只奶山羊繁育基地，进口纯种 5 万只奶山羊进行良种繁育，向全县提供纯种奶山羊，打造全省首个奶山羊产业 3D 科技示范园。鼓励有条件乡镇与伟赫乳业对接，探索完善利益联结机制，签订种羊供应和鲜奶回收协议，采取"企业供种、乡村建设、统一管理、订单回收"的办法，适度发展奶羊养殖。

第三，提纯特色黑山羊。发挥环县黑山羊品质优势，提纯复壮、保种扩繁。通过招商引资、鼓励能人创办等形式，引进培育黑山羊养殖龙头企业，按照"轮休轮牧、牧舍结合、以草定养、总量控制"的原则，鼓励县北部草场面积大的乡镇创建黑山羊养殖专业村，带动全县创办黑山羊养殖合作社，示范引领农户发展黑山羊养殖。支持庆环肉羊制种基地开展本土黑山羊种质资源提纯复壮技术研究，建立纯种核心群，逐步提高黑山羊生长性能、产肉率及肉用品质。加大政策支持，鼓励整村整群"白换黑"，确保全县黑山羊存栏量。进一步完善现代化产业体系，坚持"五好标准"，以全国农业全产业链典型县和农业现代化示范区创建为抓手，围绕巩固完善政、企、研、社、村、户、服"七位一体"的产业发展联合体；建立"县上统一指导、部门协力配合、乡镇全力落实"的工作机制，县畜牧局牵头统筹协调，发展改革委、财政、农业农村等部门统筹谋划安排项目资金，组织、编办、人社等部门协力做好"三级服务体系"制度化建设，其他各相关部门对标职能密切配合。成立乡一级羊产业开发领导小组专抓落实，全面落实各级干部责任，形成全县上下齐抓产业、共谋发展的合力。

（二）制定规划布新局

环县为进一步扩大羊产业规模、优化产业结构、提升羊产品品质、增加产业效益，形成产业集群、龙头集中、技术集成、要素集聚、保障集合发展的现代草畜产业格局，拓宽群众收入渠道，助推乡村振兴战略实施，制定了一系列规划，按照"科学布局，点线结合，重点突破，片区推进"的思路，以生态保护和绿色发展为前提，坚持有序发展、错位发展和协调发展，坚持高标准规划、高起点布局，整体协调，统筹兼顾，构建"两核、两带、四区、多基地"的空间结构布局，形成了"乡乡有重点、村村有养殖、户户能致富"的肉羊产业发展格局。

聚焦"两核"，即现代羊种业创新发展核和羊产业融合集聚发展核。现代羊种业创新发展核就是以北部山城乡、洪德镇为建设核心，打造环县肉羊"种业硅谷"。依托庆环公司种业创新优势，构建以羊产业现代种业发展为带动、饲草良繁体系全面发展的现代种业格局，逐步建立以企业为主体、市场为导向，产学研相结合、育繁推一体化的现代种业创新体系。羊产业融合集聚发展核指的是依托环县羊羔肉产业发展集团打造羊产业发展联合体，通过建设"一家七中心"和羊产业发展研究院，全面提升全县羊产业发展的科技装备水平，优化产业发展模式。

形成"两带"，即肉羊养殖产业优势带和羊产业发展核心引领带。肉羊养殖产业优势带指的是以木钵镇、曲子镇、合道镇、八珠乡、车道镇、甜水镇、南湫乡、小南沟乡、毛井镇、樊家川镇、耿湾乡、秦团庄乡12个养羊专业乡镇的集聚带为主体范围，按照"畜禽良种化、养殖设施化、生产规范化、防疫程序化和粪污无害化"标准要求，推广"企业制种＋合作社良种扩繁＋农户杂交利用＋养殖场集中育肥＋屠宰企业订单回收"模式，承接制种基地良种，建设标准化基础母羊纯繁基地和标准化育肥基地，打造环县肉羊养殖产业优势带。依托种养合作社、家庭农场等主体，不断扩大标准化养殖基地产业规模，助力全县肉羊产业三年倍增行动计划，实现产业规模化、集约化发展。羊产业发展核心引领带指的是依托环江河谷和马坊川交通、地形、产业优势，由北至南覆盖羊产业良种繁育集群、羊产品精深加工产业集群、优质肉羊供应基地、饲草料加工产业集群等重点产业区。围绕G211、G341两条国道线，持续实施"百千米、百万只"肉羊育肥示范带项目，建设100个标准化规模育肥场，年出栏育肥羊100万只，打造全省"品质最优、效益最高"的标准化肉羊生产基地。

打造"四区"，即肉羊现代化核心引领区、现代农牧业生态功能区、种养循环草牧业发展功能区以及高原特色生态种养功能区。肉羊现代化核心引领区指的是以县域中部环城镇、洪德镇、虎洞镇3个镇为主体，依托区域社会经济综合实力和城乡融合发展基础，打造肉羊现代化核心先导区，成为全国肉羊现代化发展引领区、羊产业融合发展示范区。现代农牧业生态功能区指的是以天然草地分布较为集中的甜水镇、南湫乡、罗山川乡和小南沟乡4个乡镇为现代农牧业生态功能区，以生态承载力和环境容量为基准，以天然草地的恢复和保护为前提，适度发展羊养殖（肉羊、奶山羊等）、优质饲草种植等优势产业。种养循环草牧业发展功能区指的是以县域南部种养基础较好的曲子镇、木钵镇、合道镇3个镇为核心范围，向南辐射演武乡和天池乡，建设种养循环草牧业发展功能区。高原特色生态种养功能区指的是在全县气候资源及生态优势突出的毛井镇、车道镇、芦家湾乡3个乡镇，全力发展羊畜产业，优化生态种植结构，推动建设湖羊标准化养殖基地、伟赫乳业万只奶山羊繁殖基地等重点产业项目。

建立"多基地"，即羊产业标准化养殖基地、优质饲草种植基地。羊产业标准化养殖基地指的是在曲子镇、木钵镇、环城镇、毛井镇、车道镇、小南沟乡6个乡镇，结合肉羊标准化制种基地、标准化基础母羊纯繁基地及标准化规模育肥场等建设，推广"企业制种＋合作社良种扩繁＋农户杂交利用＋养殖场集中育肥＋屠宰企业订单回收"新型生产模式，打造"饲养设施机械化、养殖品种良种化、生产管理标准化、质量监督全程化、生态环境友好化"的现代化肉羊养殖基地。以毛井镇高家洼村2万只奶山羊养殖基地、环城镇白草塬村10万只奶山羊养殖基地为核心，打造优质奶源生产基地。优质饲草种植基地指的是立足环县县南县北地域差异，以紫花苜蓿、大燕麦、杂交谷子、甜高粱、粮饲兼用玉米为重点，按照"县北燕麦草、县南苜蓿草、全县青贮草"区域布局，推广闲田种草、轮作轮牧，打造优质饲草种植基地。

（三）健全政策促发展

为有效推动肉羊产业发展，结合环县肉羊产业发展基础及布局，2000 年当地就提出了"把草当粮种、把羊当猪养"的发展思路，相继推出了一系列政策，实施了一系列工程，包括"4411"工程（户种 40 亩草、养 40 只羊、建 1 座暖棚和 1 个青贮氨化池）；"双二百万"工程（紫花苜蓿留存面积达到 200 万亩，羊饲养量达到 200 万只）；"双百双万"工程（培育 100 个养羊专业合作社，发展 100 个养羊专业村，扶持 1 万户养殖大户，养殖大户人均收入达到 1 万元）；"331＋"产业扶贫工程；2019 年提出"三年翻一番、'十四五'末翻两番"（2021 年羊只饲养量突破 300 万只，羊业产值突破 50 亿元，农民人均来自羊产业收入突破 6 000 元；到"十四五"末，羊只饲养量突破 500 万只，羊业产值突破 100 亿元，农民人均来自羊产业收入达到 1 万元以上）计划。2020 年又规划建设了环县电商产业园，实施了以"一园五中心四化一基地"（一园，即电商产业园；五中心，即小杂粮加工中心、网货供应中心、溯源监测中心、冷链物流中心、"环乡人"品牌运营中心；四化，即农产品规模化、标准化、品牌化、电商化；一基地，即电商直播基地）为内容的"1541"工程，建成"环乡人"农产品公共品牌服务中心、小杂粮加工中心、网货供应中心和电子商务冷链仓储物流中心，辐射中盛、伟赫乳业等农产品龙头企业，形成集产品加工、冷链仓储、网货供应、安全检测、质量溯源、公共服务、创业孵化、品牌服务等功能为一体的现代化产业园，目前入驻企业 35 家，带动发展电商企业 256 家，探索形成了"合作社统一订单、企业统一加工、'环乡人'统一品牌、网货中心统一包装、溯源体系统一监管、物流体系统一配送"的"六统一"电商发展模式。

（四）明确职责保实施

环县县委、县政府对全县的羊产业发展寄予了莫大期望和极大的热忱。县委书记、县长等各级领导都在呕心沥血地为环县的羊业发展壮大，为环县肉羊早日推广到全国各地，走向世界，不辞辛劳地努力奋斗着。县领导身先士卒、全心全意地倾力打造和谐的营商环境，营造良好的工作氛围，锻造最先进的育羊、养羊、屠羊、售羊的经营管理模式，这是对环县"中国羊谷"桂冠最有力的践行和验证。为确保项目工作的顺利开展，成立由主管农业县长任组长，县畜牧兽医局局长任副组长，县农业农村局、县财政局、县发展改革委、县国土局、县环保局、县工信局、县科技局、县卫计局、县扶贫办等部门负责人组成的规划实施协调领导小组，负责全县肉羊产业的统筹规划、组织协调、制定发展政策、监督管理，办公室设在县畜牧兽医局，负责日常工作，办公室主任由县畜牧兽医局局长兼任。建立成员单位联席会议制度，定期通报情况，协调解决问题。县畜牧兽医局加强对肉羊产业发展的指导和管理，做好肉羊养殖示范社、合作社、示范村、规模养殖场等规划设计、种羊引进、饲草种植、养殖环节的技术服务、疫病防控、质量监管等指导，协调落实各项扶持政策，推进产业发展。县财政部门每年安排专项扶持资金，整合相关项目资金，用于肉羊产业发展，重点支持良种引进、圈舍建设、机械购置、饲草种植、粪污治理、品牌创建宣传等方面。县国土部门做好羊养殖建设用地的规划和支持，提高肉羊养殖用地报批效率。县环保部门做好肉羊规模养殖场环评文件的审批和审核，指导做好粪污治理，并对粪污治理项目进行运行后的环境管理。县发展改革部门做好羊产业发展项目的立项和争取，指导有关部门做好羊全产业链方面项目的谋划。县科技部门加大对肉羊及关联产业科技项目的支持和争取力度，组织在羊养殖、畜种、饲草喂养以及畜产品加工等方面开展科技攻关和科技协同创新，争取将更多的科研项目列入支持范畴。县食品药品监督管理部门做好肉品质量安全工作的指导和监督。县工信部门做好羊产业项目的争取，加工企业的科技创新、技术改造等，推进羊产业大数据平台的建立。县卫计部门与农业农村（畜牧）部门确保信息畅通，及时互通人畜共患病鉴别情况，按照各自职能，做好疫情处置，人畜共防。县扶贫部门因地制宜做好产业脱贫与产业发展的衔接。县金融办积极协调各专业银行，加大对羊产业信贷扶持力度。县各保险公司把羊纳入农业保险范围。县水利、林业、交通、电力、电信、住建等其他相关部门也要各司其职，密切配合，为羊产业发展提供便利条件，共同推进羊产业持续健康发展，保障规划顺利实施。

二、基层探索凝聚发展共识

（一）历史积淀强底蕴

环县人养羊具有悠久的历史。环县人养羊的历史最早可以追溯到先秦时期，当时环县的先祖已在这片土地上过着放牧的生活，后来受到周文化的影响，农耕文化兴起，经过朝代更迭，岁月变迁，环县的羊文化逐渐成为这片土地上灿烂的文化瑰宝。

新中国成立后，个体农业越来越不适应国家经济发展，国家开始对农业进行全方位改革，农业经济得到发展。1958 年，国家建立人民公社，农业生产力开始衰退。20 年后，国家为促进农村生产力发展，开始实行家庭联产承包责任制，农业生产力开始复苏。这一时期内，环县养羊业以传统放牧为主，养殖规模小，在农业生产中处于附属地位，自然资源能够承载养羊业的发展，全县羊只存栏量仅为 6.4 万只。环县养羊业整体上发展，但也出现波动和停滞，

1980 年羊只存栏量提高到 7.9 万只，1982 年出现下降，羊只存栏量仅为 7.2
万只。在之后的十年内发展停滞不前，处于波动阶段。从 1994 年开始，养羊
业出现了快速发展，养羊热情空前高涨，羊肉市场前景良好。2003 年，国家
在全国范围内开展生态县建设试点工作，环县政府积极响应国家政策，出台了
一系列相关政策，其目的就是要彻底改变传统的粗放型经济发展模式，以促进
羊产业经济的可持续发展。在这一时期内，环县大力压缩耕地面积，封山禁
牧，建设养殖暖棚，进行舍饲圈养，这是畜牧业生产的一项重大变革，是畜牧
业走向现代化的必然要求。环县肉羊舍饲饲养率由最初的 43% 增加到 97%，
羊只存栏量达到 56.1 万只。

　　进入 20 世纪 90 年代，环县羊产业在全县人民探索摆脱贫困出路上逐步发
展壮大起来，大致经历了 5 个阶段。第一阶段是羊产业起步期（1990—1997
年）。环县把羊畜系列开发作为主导产业之一，提出"五抓五促"（抓加工、促
增值，抓种草、促发展，抓改良、促质量，抓防疫、促成活，抓流通、促效
益）举措，形成了以绒山羊、黑山羊、滩羊养殖为主的分散放牧模式。第二阶
段是全面探索期（1998—2012 年）。环县提出"种草百万亩、养羊百万只"的
思路，走"人工种草、牛羊进圈、设施养殖"的牧业之路。2008—2011 年，
环县提出"把草当粮种、把羊当猪养"的思路，实施了"草畜双二百万工程"
（种草 200 万亩、养羊 200 万只），鼓励"漫山遍野种草、家家户户养羊"，引
导群众由"传统养殖"向"舍饲养殖"转变。第三阶段是确定主攻方向期
（2012—2013 年）。2012 年，环县实施了"4411"工程，扶持建设种羊场、标
准化规模养殖场。2013 年，环县把肉羊产业确定为首位产业，大力实施"双
百双万"工程，构建了以绒山羊、多胎肉羊、黑山羊和滩羊为主的四大繁育体
系，初步实现从"分散养殖"到"规模养殖"的转变。第四阶段是问题集中暴
露期（2014—2016 年）。随着养殖规模的逐步扩大，受疫情影响和市场冲击，
肉羊产业遭遇"寒冬"，资金链断裂，供应链不畅，养殖户信心遭到重创。环
县县委、县政府深刻反思，痛定思痛，从中发现了需要解决的问题，也明确了
下一阶段着力的重点。第五阶段是养殖体系重构期（2017 年至今）。2017 年以
来，环县把发展羊产业作为脱贫攻坚的治本之策和乡村振兴战略实施的首要之
举，按照"政府引导、企业带动、合作社经营、贫困村户参股、金融扶持、保
险兜底"的思路，以"三变"改革为引领，以建办合作社、构建产业联合体为
抓手，探索出了"331＋"肉羊产业扶贫新模式，提出了"三年翻一番、'十四
五'翻两番"的升位目标。

（二）实践探索助传承

　　20 世纪 90 年代以来，环县羊产业经历了从散放牧、半设施、全设施和全

链条的持续发展历程。2017 年以来，以促进全县羊产业提质升位为着力点，以打造成全省肉羊全产业链绿色循环发展第一县为目标，探索出肉羊全产业链、全供应链、全价值链、全循环链发展模式，构建形成了政、企、研、社、村、户、服"七位一体"肉羊产业联合体，吸纳技术、防疫、保险、机械、金融等全要素参与的"十三太保"一体化发展格局，推动羊产业的发展从传统养殖到科学化养殖的发展。

环县县委、县政府在曲子镇、木钵镇、甜水镇、环城镇、合道镇、樊家川镇、洪德镇、虎洞镇、毛井镇、演武乡、天池乡、八珠乡、罗山川乡、小南沟乡、芦家湾乡、车道镇、耿湾乡、秦团庄乡、山城乡、南湫乡 20 个乡镇，利用可开发利用的资源优势，根据地域特性、流域范围与生态类型、环境承载与生产技术条件、优势产品集中度与产业链关联度等因素，制定出环县农业、牧业、林业等各专项规划；出台环县生态红线、规模化畜禽养殖场禁养区限养区划分方案。

在良种繁育推广方面，一方面，健全良种繁育体系，即外引内繁湖羊、保种提壮山羊、因地发展奶羊；另一方面，加快良种扩繁步伐，即推进种羊场建设、推广二元杂交。在环城镇、曲子镇、洪德镇、木钵镇、山城乡、虎洞镇、车道镇和毛井镇 8 个乡镇建设规模达 25 万只的肉羊良种扩繁场；在环城镇建设规模达 3 000 只的黑山羊选育提高场，组建环县黑山羊原种核心群，实现原种保护，解决品种退化问题，提升黑山羊肉用性能和纯度；同时，还在环城镇建成了规模达 2 万只的奶山羊扩繁场；在毛井镇建成规模达 2 万只的奶山羊繁育基地；在环城镇、曲子镇、洪德镇、木钵镇、山城乡、虎洞镇、车道镇和毛井镇 8 个乡镇引进优质肉用种羊和胚胎 3 000 个。

在规模化养殖方面，环县以规模育肥场、自养户建设为重点，坚持高点定位、超前规划、合理布局的原则，高标准建设一批标准化肉羊养殖示范社、育肥场、自养户，推行"六统一"（统一建设标准、统一饲养技术、统一疫病防治、统一良种供应、统一技术培训、统一肉羊收购）管理模式，实现环县肉羊大群体散养型向标准化规模养殖的根本转变，带动肉羊产业向高产、优质、高效、生态方向发展。推进合作社质量提升，加快标准化规模育肥场建设，打造高标准养羊专业村，示范引领培育自养户，推广科学健康养殖，重点提升改造100 个合作社，建成 100 万只商品肉羊生产基地、40 万只优质育肥羔羊生产基地、10 万只奶山羊养殖示范基地等项目。

在饲草饲料供应方面，以科学喂饲为前提，扩大饲草种植规模，提升优质饲草料供应能力。在洪德镇、曲子镇、毛井镇建设了 10 000 亩优质牧草制种基地，在示范区建设了 80 万亩的高标准饲草料种植基地，在曲子镇建设了 1个优质饲草加工厂，在示范区建设了 16 个全混合发酵日粮加工配送中心，在曲子镇建设了 1 个精饲料生产加工中心，环县 20 个乡镇分别建设了 20 个乡镇机械作业合作社。

在加工及冷链物流工程建设方面，加快推进加工业转型升级，支持大型企业开展养殖、加工、冷链配送、销售一体化经营，着力提升屠宰及乳品加工能力，提高羊肉、羊奶精深加工和副产品综合利用水平。分别建设了提升肉羊屠宰加工能力的现代羊肉食品研发中心以及提升羊乳加工能力的畜产品智慧物流中心等。坚持质量兴农、绿色兴农，加快推进农业由增产导向转向提质导向原则，按照"生态优先、种养交叉、物质循环、产业融合"的思路，大力推进草羊业绿色循环发展。一方面，加强养殖污染防治；另一方面，做好种养循环转化。

在疫病防控工程方面，环县强化动物标识及疫病可追溯体系建设，推行动物及动物产品全程可追溯管理。推动病死畜禽无害化处理机制建设，提高病死畜禽无害化处理水平。建立健全重大动物疫病监测预警机制，提升重大动物疫病应急能力。

在质量安全追溯方面，依托甘肃中盛集团肉羊屠宰加工厂，推进质量安全追溯体系建设。实行养殖场全过程质量监管，规范饲料添加剂、兽药使用；对羊肉生产、储存、运输、销售等重点环节进行监管，实现机械化加工、冷藏储存、冷链车运输；建立羊肉检测实验室，完善检测体系，提高检测水平，增加抽查频率，扩大抽检覆盖面。加快信息化监管平台建设，实现全县上下信息畅通，推进诚信体系建设，促进肉羊质量提升。规划建设肉羊质量安全追溯体系、制定草畜标准化生产技术规程、创建标准化示范社 3 个项目。

三、宣传引导塑造品牌形象

有文化的产业链条才能延伸得更长，生命力才能更持久，产业销路才更宽广，品牌的衍生价值才更大。环县羊羔肉品牌背后，有着浓厚的环县历史文化、农牧文化等多元文化支撑。这些文化资源，赋予环县羊羔肉品牌更多内涵，也促进环县羊羔肉品牌有更强的生命力。近年，环县围绕创建"中国羊谷·善美环州"，打造环县羊羔肉区域品牌，坚持"请进来""走出去""自己讲"相结合的方式，大力实施环县羊羔肉品牌形象推广，努力创建"甘味"羊肉品牌环县示范基地，带动羊产业转型升级，助力乡村全面振兴。

（一）厚重文化强自信

厚重的羊文化为环县羊产业发展增强了文化自信。2021 年投入运营的环州故城——中国羊肉养生城，就是将环县羊产业与悠久的历史文化、丰厚的民俗文化、绝美的非遗文化、独特的美食文化深度融合的有力见证。这座多元融合的文旅名城，不仅促进了环县旅游业的繁荣，更带动了羊产业的发展。"神州第一大锅羊肉"将范仲淹治理边塞的思想融入了其中；道情皮影馆内，老艺人们浑厚的唱腔悠扬绵长，征服了到访的每一名游客；道情戏《三羊开泰》既展示了国家级非物质文化遗产、民间艺术瑰宝——环县道情皮影的魅力，也唱出了环县羊产业发展壮大的"鲜"特色……游客来到环州故城，不仅能品尝到美味的环县羊羔肉，更能感悟到无形的文化力量。

2019年10月建成的环县羊文化展示馆，以羊文化为视角，分别从"羊在环县""羊大为美""羊名天下""羊的盛宴"四个板块，全景展示了环县的农牧文化和人文精神。挖掘、研究、整理、推广羊文化，就是为了激活文化的柔性凝聚力与恒久推动力，最大限度地在羊产业发展中贡献文化力量。2020年6月，"环县人与羊的故事"征文获奖作品集在《环江》杂志特刊出版。2021年9月，羊歌《环县羊跑出了山沟沟》《唱起羊歌走环县》发布，悠扬动听的歌声唱响"中国羊谷"，传唱陇原大地。环县羊文化的宣传进一步增强了环县羊产业发展的文化自信。

（二）宣传推广强品牌

环县羊羔肉品牌的塑造和推广，离不开厚重的文化底蕴和品牌内涵，更依赖于各种宣传推广活动的举办。环县持续发狠力、做实功，策划了一批规格高、范围广、影响力大的宣传推广活动，让环县羊羔肉品牌越叫越响亮，日渐成为广大消费者首选的放心羊肉品牌。

2019年，环县创意推出"陇原烹羊第一锅"文化体验元素。当年9月17日，直径3.3米的烹羊大锅首次在第16届中国羊业发展大会暨庆阳农耕文化节中亮相，一次能煮66只环县黑山羊，堪称"神州第一大锅"，大锅煮、大块吃，尽显黄土高原边塞风情和环县人的热情好客。作为文化节唯一户外展区，环县羊羔肉体验区为游客展示了肉质优良、味道鲜美的环县羊羔肉，让人久久回味，流连忘返。

2020年9月，环县羊羔肉品牌形象宣传片《览千年风韵，品环县羊鲜》全网发布，用多元的视角、生动的语言、精美的画面，全景展现了环县羊产业发展的崭新形象，让全国网民尽览舌尖上的环县羊肉美食。

2021年9月23—30日，由甘肃省农业农村厅、庆阳市人民政府共同主办，中共环县县委、环县人民政府承办的甘肃省庆祝2021年中国农民丰收节大会暨中国·环县首届羊羔肉美食文化旅游周在环县中国羊肉养生城——环州故城举行。美食周以"庆陇原丰收、游中国羊谷、品环县羊肉"为主题，通过举办环县羊羔肉美食品鉴、环县羊肉美食论坛、"丝路驿旅·相看环州"篝火晚会、羊产业商贸交流等活动，推动环县羊产业提质增效，加快发展。

2023年3月12日，环县与浙江大学共同举办了"特色农业助推乡村振兴与共同富裕高峰论坛暨甘肃环县羊产业高质量发展论坛"，来自农业农村部、中国社会科学院和浙江大学的9名专家学者齐聚环县，围绕"环县羊产业如何实现高质量发展"进行圆桌对话，为羊产业高质量发展把脉开方、指航定舵，为环县羊产业科技化、品牌化、数字化发展指点迷津。

与此同时，环县坚持以文化活动促进环县羊羔肉品牌宣传，策划开展"寻香环县·羊名天下""秋润环州·故城羊美""当'狗不理'遇见环县羊羔肉""环乡人亲·故乡味美"等主题宣传活动，组织国内知名网络大V，联合属地自媒体，聚焦流量推介环县羊产业，以图、文、音、视、直播等公众容易接受的方式，对环县羊羔肉进行深度化、口碑化、多效应的宣传推广。通过系列宣传活动，微博话题浏览量累计超过1.2亿次，"环州故城""环县羊肉""黄土塬""绿色""原生态"一度成为网络高频热词，极大提升了环县羊羔肉的公众认知度和影响力。

（三）媒体报道强美誉

随着环县羊羔肉知名度、美誉度的不断提升，吸引了《人民日报》、新华社、中央广播电视总台、《光明日报》《农民日报》等各大中央媒体的争相报道。

2015年6月3日，中国新闻网以《甘肃深山环县精准扶贫，"授之以渔"发"羊"财》为题报道了环县羊产业发展情况。2017年3月2日，中国财讯报道网推出《环县"羊羔肉"走出致富新模式》报道。2017年3月29日，新华网推出《环县电商扶贫记：小杂粮里做出大产业，黄土地上发"羊"财》报道。2018年7月30日，中央电视台《新闻联播》播出《甘肃：培育产业让贫困户持续稳定脱贫》，对环县培育和发展羊产业让贫困户稳定脱贫进行了深入报道。2019年11月25日，中央电视台财经频道《生财有道》播出专题《甘肃庆阳：羊肉味道鲜，高手在民间》，深度报道和推介了环县羊羔肉。2020年10月23日，人民日报第13版整版刊发记者调查《来了新"羊倌"，旺了羊产业》，全面介绍了环县把发展羊产业作为富民增收的主导产业，打出扶持政策组合拳，吸引600多名大学毕业生返乡投身养殖业发展，推动传统羊产业加快转型升级的情况。2021年5月8日，农民日报以《科技兴"羊事"，羊业旺乡村——甘肃环县吸引中外科技人才壮大羊产业发展》为题，对环县吸引国内外专家发展羊产业、产学研科技创新推动羊产业高质量发展、大学生当"羊倌"为羊产业增添新活力进行了深入报道。同年9月23日，中国新闻网以《甘肃环县羊"链"百业：科技"羊谷"促羊业"丰收"》为题，对环县羊产业"全产业链、全价值链、全循环链"绿色循环发展进行了深入报道。同年 11 月 10 日，中央电视台科教频道播出《科技养羊有新招》，关注环县引进新品种湖羊、创新开展科技养羊、解决羊产业发展短板、瓶颈的典型做法、成效。

2022 年 2 月 11 日，中央电视台财经频道播出专题片《云聚中国年——逛环州故城，品环县味道》，用 22 分钟时长报道环州故城和环县羊肉，深度解读环县文旅产业和羊产业融合发展的故事，让更多的人更深入地了解环县。同年 5 月 1 日，中央电视台新闻频道围绕环县大学生"羊倌"带领群众念"羊经"，结合环县道情皮影戏，以《甘肃环县：老皮影唱响新故事，大学生"羊倌"念"羊经"》为题进行了专题报道。同年 5 月 4 日，《光明日报》以《甘肃环县：养羊讲究科技范儿》为题、新华社以《大学生"羊倌"：兴农有我》为题，5 月 16 日新华社又以《大学生成"羊倌"，"羊芯片"促产业——陇东革命老区羊产业发展见闻》为题，对环县科技养羊、大学生养羊典型经验和做法进行了报道。5 月 20 日，新华视点专题《羊产业奏响乡村振兴新"牧歌"》中环县县委书记推介环县羊产业，深度解读科技养羊、大学生养羊的"环县模式"和"环县经验"。

2016—2022 年，中央电视台综合频道《焦点访谈》栏目组先后五次来到环县采访，持续关注八珠乡白塬村特困户郑九林一家的脱贫经历。2022 年 12 月 28 日，中央电视台农业农村频道《乡村演说家》摄制组走进环县，邀请陈建军、姬永锋、张治文三位杰出的"三农"人物，用真实质朴的语言分享了他们的养羊故事。2023 年 3 月 11 日，中央电视台新闻频道《两会你我他》栏目以《甘肃环县：返乡创业新"羊倌"，电商闯出"羊"关路》为题，报道了环县"85 后""新羊倌"刘国宁通过电商销售环县羊羔肉，年销售额突破一亿元大关的创业故事。

（四）品牌推广强影响

环县县委、县政府对于"环县羊羔肉"品牌的打造也作出了诸多努力。2006 年 10 月，在第二届中国餐饮业博览会上，"环县羊羔肉"荣获"中国名宴"称号。2013 年 12 月，农业部批准对"环县滩羊"实施农产品地理标志登记保护。2014 年 3 月，"环县羊羔肉"地理标志证明商标通过国家工商行政管理总局商标局注册。2015 年，"山童牧歌"系列陇东黑山羊产品被认证为绿色食品 A 级产品、有机产品，荣获第 16 届中国绿色食品博览会金奖。2019 年 9 月，在第 16 届中国羊业发展大会上，"环县羊羔肉"荣获全国十佳羊肉品牌第一名；10 月，"环县滩羊"入选国家地理标志农产品保护工程项目。2020 年 1 月，在中国绿色农业发展年会上，环县羊羔肉被评选为"全国绿色农业十佳畜牧地标品牌"；11 月，"环县羊羔肉"成为第五届中国农业（博鳌）论坛指定产品。2022年9月，在世界地理标志品牌分销服务大会上，环县羊羔肉被授予质量信誉优秀品牌。2023年5月，在2023年世界品牌莫干山大会上，中国品牌建设促进会联合有关单位共同发布"2023中国品牌价值评价信息"，环县羊羔肉荣获区域品牌（地理标志）百强榜第67位；同年，环县被中国国家品牌网命名为"品牌产业园示范基地"。

2021年6月18日，国家体育总局训练局和环县人民政府在北京举行新闻发布会，"环县羊羔肉"作为甘肃省唯一入选的农产品，被列入国家体育总局训练局"国家队运动员备战保障产品"。2022年7月19日，环县羊羔肉高铁冠名高铁列车首发仪式在银西高铁银川站举行，首列环县羊羔肉冠名高铁列车G3189从银川站始发，途经庆阳、西安、郑州、合肥等城市，驶往杭州东站。环县羊羔肉品牌专列采用车身加车内广告的冠名方式，车身彩贴、车内座椅头巾、海报、显示屏、语音播报等多种形式，全方位、立体式进行环县羊羔肉品牌传播，将环县羊羔肉的金字招牌推出西北，走向全国，"羊"名天下。2022年8月，"中国羊谷·善美环州"巨幅灯箱亮相北京天安门《辉煌的中国》主题展，环县作为辉煌中国的一分子，通过北京向全国乃至世界展现了"环县羊羔肉"区域品牌的魅力和风采。

四、社会组织助力产业发展

(一) 科研团队助创新

环县羊产业的发展要从传统养殖转向科技养殖，离不开科研团队的研究开发。环县引育专精特新龙头企业甘肃庆环肉羊制种有限公司，以育种为核心，研发推广先进科技，为全县羊产业高质量发展植入"芯片"。一是围绕"创一流"建成研发基地。与国际专家合作建成"两线四室两中心"（冻精生产线、胚胎生产线；基因组育种实验室、基因编辑实验室、营养分析室、疫病检测室；人工授精中心、胚胎移植中心），集营养管理、技术研发展示、肉羊父本选育、山羊提纯复壮、公羊集中育肥等功能于一体，打造了具有世界先进水平的肉羊良种自主创新基地。目前已取得国家实用新型专利10项，并在分子育种、生物育种等国际前沿领域实现了阶段性突破。二是围绕"最先进"配备生产设备。引入国际先进设备，统一装备机器人饲喂、自动称重分群、羊群管理系统等现代化智能设施设备，运用数字化、网络化、智能化管理模式，有效提升车间计划科学性、生产过程协同性、生产设备与信息化系统的深度融合，实现温度、空气、湿度全自动控制，以精准化管理提高养殖效益。三是围绕"最前沿"推广生产技术。充分发挥平台优势，示范推广腹腔镜人工授精、良种胚胎移植、肉羊品种选育、双羔基因鉴定、快速直线育肥等高效生产技术，实现生产效率提升 30%、质量提升 35%、经济效益提升 20%、生产成本降低 20% 的"三提升一降低"。

大力实施"百千万"人才引育工程，形成科技人才梯队，夯实产业发展基础。引进"百名高端人才"组队伍。成立"一院四所"，组建以 32 名外国专家，中国农业科学院、西北农林科技大学、甘肃农业大学等高等院校 63 名国内专家教授和市、县两级 15 名高级畜牧师、兽医师为主的"国际队""国家队""地方队"，三支队伍相互协作、联合攻关，推动技术创新。培育"千名大学生"作示范。从 2019 年开始，实施"环县大学生养羊三年千人计划"，支持庆环肉羊制种公司建成庆环益牧职业技能培训学校，培养人工授精、胚胎制备、胚胎移植等核心技术人才 150 人，培训大学生"环县养羊人"等养殖技术人才 1 000 人（次）以上，专门从事高新技术承接和示范，通过人才链与产业链的深度融合发展，推动当地产业与国际技术全面接轨。带动"万名职业农民"促推广。坚持"高精技术重点推广"和"实用技术全面普及"相结合，通过庆环肉羊制种公司技术示范推动，累计培训 2 万名职业养羊能手投身产业发展，有效推动良种繁育、健康养殖等先进技术普及到村、到户、到人，科学饲养技术全面普及，科技贡献率、产出率有效提升。

（二）研究机构保研发

环县为适应产业发展需要，加快技术研发、成果转化，强化草羊产业科技支撑，提升养殖水平和效益，全力打造"中国羊谷"，在环县县畜牧兽医局设立环县现代羊产业研究院，依托中国农科院、甘肃农业大学等科研院所及庆环公司、中盛公司、环县羊羔肉集团公司等企业，开展"环县标准""环县配方"等地方技术规范的研究与制定，人工授精、胚胎移植、配方饲喂等先进技术的转化与推广。第一，草产业研究所。在荟荣草业有限公司设立草产业研究所，依托兰州大学草地农业科技学院等科研院所，开展牧草品种选育、新品种推广、饲草种植管理、病虫害防治，饲草营养成分测定、配方制定，全日粮等饲草料加工技术的改进等。第二，奶山羊研究所。在庆阳伟赫乳制品有限公司建成奶山羊研究所（图 1-1），依托甘肃农业大学、西北农林科技大学等科研院所，开展环县奶山羊产业绿色高质高效可持续发展相关技术攻关、突出先进成果研发与应用、关键技术集成应用、技术服务等。第三，肉羊科技发展研究所。在甘肃庆环肉羊制种有限公司设立肉羊科技发展研究所，依托中国农科院、甘肃农业大学等科研院所，开展"中环肉羊"新品种选育及推广，陇东黑山羊提纯复壮，环县滩羊品种保护，肉羊高效繁殖、快速育肥等肉羊产业新技术研究与推广应用。第四，环州羊肉食品研究所。在环县中盛羊业发展有限公司设立环州羊肉食品研究所，依托中国农科院、浙江大学、中国农业大学、西北农林科技大学、江南大学、福州大学、甘肃农业大学等科研院所，开展羊肉分割肉、冷鲜肉、羊肉调理食品、羊肉深加工熟食品等系列羊肉食品的开发研究，推动产业纵深发展，提高产品竞争力和产业效益。

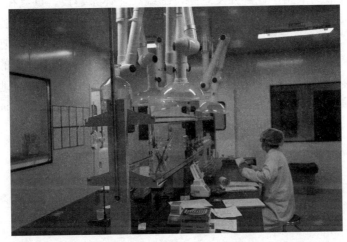

图 1-1　伟赫乳业研发实验室

（三）保障机构兜底线

环县羊产业的发展离不开政府的顶层设计、基层的实践探索、龙头企业的示范引领、科研团队的研发创新，更离不开各种平台和保障机构在羊产业发展过程中的保障。

1. 组织产业协会

为落实县委、县政府均衡发展环县羊产业，完善羊产业链条的发展构想，加强羊产业链条各环节协同创新，根据目前环县羊产业发展实际，环县成立了"环县羊产业联合会"。联合会通过肉羊、奶山羊科研、教学、推广管理相关企业、协会等单位及专家开展技术协同创新，为环县羊产业发展提供技术支撑。着重肉羊、陇东黑山羊优良品种选育、健康养殖技术提高、提质增效模式推广、产品深加工及品牌培育、质量安全风险控制等方面开展技术创新，深入贯彻创新驱动发展战略，着力解决环县羊产业技术与市场推广问题，引领环县羊产业健康发展。

2. 强化融资保障

环县全面构建专业合作社和农户信用评价体系，持续扩大信用无担保贷款规模，着力解决好合作社和养殖户融资难问题。县金融机构主动对接省市相关部门和金融机构，积极争取上级项目支持，依托甘肃金融控股集团担保，将特色产业发展工程贷款向合作社倾斜，衔接扩大低息贷款规模，争取落实产业贷款，确保产业合作社有流动资金保障运转。

3. 强化项目支撑

环县按照肉羊全产业链开发思路，围绕产业体系建设，重点在饲草种植、种质资源、标准化养殖、营养中心、品牌培育、三产融合、科技创新等环节，谋划实施一批重点项目。超前思维、加强对接，顺应政策导向，把握资金投向，谋划实施一批以肉羊产业为核心的乡村振兴、三产融合等方面的项目。制定优惠政策，加大招商引资，吸引社会资本参与羊产业开发，在土地流转、场地建设、良种引进、设施配备、饲草规模种植、粪污处理、金融信贷等方面给予扶持支持，调动各方面发展肉羊产业的积极性。

第二章
政企研社农户服　一心一意兴"羊"业

党的二十大报告中强调在全面推进乡村振兴进程中要"发展乡村特色产业，拓宽农民增收致富渠道"。环县位于甘肃省东部、庆阳市西北部，处于黄土高原丘陵沟壑区农牧交错带，是甘肃省传统的半农半牧县、草牧业生产大县。"中国羊谷"是环县羊产业的发展定位，"善美环州"是环县的文化内涵。善和美是与羊有关的文字，更是中华优秀传统文化的结晶。"中国羊谷"和"善美环州"是相辅相成、相互促进、相得益彰的共同体。在新时代乡村振兴的路上，深植环县百姓心灵深处的羊经济、羊美食、羊文化，正以独特的魅力，从环江大地唱响全国。传统产业升级发展过程中十年九旱的环县，种植业没有优势，也不稳定，要实现提质增效，养羊是最佳选择。

环县羊产业在全县人民探索摆脱贫困出路上逐步发展壮大起来，环县羊产业发展迅速，养殖规模、出栏量都得到了快速的增长，草羊产业产值高达60亿元。在全县农民的收入中，养羊户收入占比农业收入的60%，养羊户人均养羊收入达到8 000元。龙头企业如环县中盛羊业发展有限公司、环县惠农绒山羊繁育有限责任公司等5家企业形成独特的"五级车间"生产经营模式，涵盖种羊培育、养殖、屠宰加工、乳制品生产等全产业链条。全县共有500家合作社，每年新建2~3家，覆盖4万户养殖户，合作社通过配股分红、保护价收购等方式带动农户增收。环县肉羊产业在多方努力下取得了显著成就，养殖规模持续扩大，产业链不断完善，品牌价值大幅提升，有效促进了农民增收和脱贫攻坚，同时带动了生态改善、就业创业以及乡村治理水平的提升，实现了经济效益、生态效益与社会效益的共赢，党建引领在其中发挥了关键作用，为其他地区提供了宝贵的借鉴经验。

一、稳链强链助推产业升级

环县是传统的肉羊养殖大县。近年，全县围绕发展肉羊全产业链条的思路，集中打造纯种选育、杂交扩繁、集中育肥、屠宰加工、熟食开发"五级车间"，加快推动全县羊产业高质量发展。环县在肉羊产业的蓬勃发展中展现出非凡的远见与魄力，深度践行工业化发展理念，精心布局并全力推进一条涵盖制种场纯种选育为起点，合作社杂交扩繁为纽带，育肥场集中育肥为核心，屠宰厂高效屠宰加工为支撑，直至企业熟食产品深度开发的全链条"五级车间"式产业生态。这一创新模式不仅彰显了环县从传统养羊大县向"中国羊谷"这一现代化、规模化、品牌化发展目标迈进的坚定步伐，更实现了从单一"种羊"资源到多元化、高附加值"全产业链"发展的华丽蜕变，为地方经济注入了强劲活力与无限可能。

环县全力推进羊产业的发展，全县 8 万余农户有 4 万多户养羊，2023 年全县羊只饲养量达到了 369 万余只，肉羊产业产值达 60 亿元，养羊农户人均来自羊产业的收入达 8 000 元。其中曲子镇西沟村的羊产业发展是环县羊产业的标杆，全村 334 户群众养羊，目前羊只饲养量达到 6.5 万只。毛井镇的羊只饲养量超过 19 万只，全镇饲养量排名全县前 100 名的村达到 10 个，是全县的养羊大镇。该镇通过"组织联建、跨村联动、产业联营、力量联帮、利益联结"的"五联"机制，推进产业强镇建设。尤其是在产业联营上，由红土咀村的国家级示范合作社牵头成立了产业联合社，将全镇 4 个千只湖羊标准化养殖示范社、9 个养殖合作社、10 个种植合作社、2 个其他合作社、13 个村级产业指导员、保险公司等力量全部纳入其中，整合项目、土地、资金等资源，实现了羊产业区域"抱团式"发展。2017 年，环县县委、县政府下决心把肉羊产业作为发展的首位产业。此后，环县上下重复着一句话，"众口一词念羊经、一心一意兴羊业、千家万户发羊财"。走引育推广肉用羊、提纯复壮黑山羊、进口培育奶山羊"三羊开泰"的发展路子，这既是承诺，也是决心。环县坚持党政齐抓共管、上下同频共振，从产业扶贫的政策制定、产业厂区的建设、产业合作社的创办、养殖技术员的培养、疾病预防的体系建立、产业户的发展等都制定了一揽子详细的规划与实施方案（图 2-1）。

（一）"一级车间"育良种

环县坚持"一级车间"做纯种选育，充分发挥庆环肉羊制种基地平台优势，年生产投放优质父本种羊 7 000 只；择优选定具有种畜经营许可的企业和合作社为纯繁选育场，聘请专家团队制定纯繁选育标准和计划，确保每年生产投放纯种湖羊基础母羊 12 万只以上。初夏时节，环县山城乡的山梁上除了满目青色，最耀眼的依然要数羊业"硅谷"——甘肃庆环肉羊制种有限公司。该公司旨在培育优良的肉品品种，其中三元杂交羊羔就是公司耗时两年经历了从纯种公羊、二元公羊、三级二元种羊的一次次迭代升级后得到的"中环肉羊"雏形。现作为环县优质羊种的制种基地，公司也被称作环县羊产业链的"一级

工业思维兴羊业 科技引领提效益
构建"五级二元"生产体系

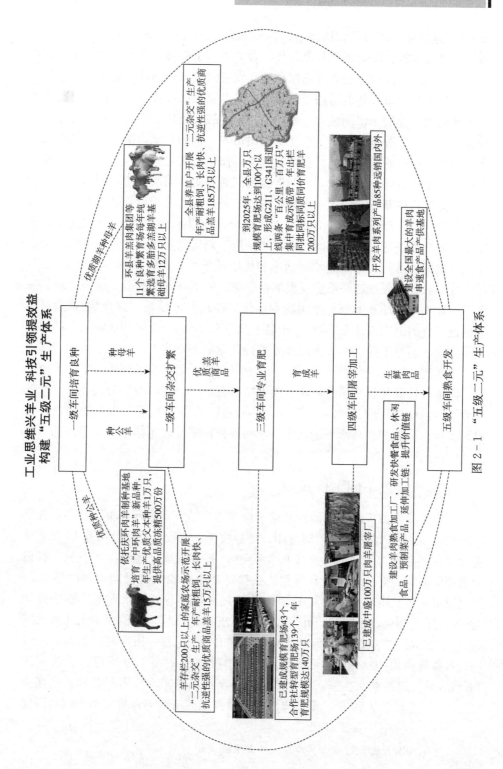

图 2-1 "五级二元"生产体系

一级车间培育良种

二级车间杂交扩繁

三级车间专业育肥

四级车间屠宰加工

五级车间熟食开发

种公羊
种母羊

优质商品羔羊

育成羊

生鲜羊肉制品

优质彭阳种母羊

优质种公羊

环县羊肉繁育集团等11个良种羊繁育场每年纯繁选育多胎多羔湖羊基础母羊12万只以上

全县养羊户开展"二元杂交"生产，年产羔羊耐粗饲、长肉快，品质羔羊185万只以上

到2025年，全县万只规模化育肥场达到100个以上，形成"百公里"G211、G341国道两条"百万条"育成示范带集中育肥，年出栏同批同标同质同价育肥羊200万只以上

开发羊肉系列产品85种远销国内外

建设全国最大的羊肉串速食产品产供基地

依托庆环肉羊制种基地"中环肉羊"新品种，培育生产"优质父本种1万只，提供高商品质冻精500万份

羊存栏200只以上的家庭农场示范开展"二元杂交"生产，年产羔羊耐粗饲、长肉快，抗逆性强的优质商品羔羊15万只以上

已建成规模型育肥场139个，合作社转型育肥场43个，年育肥规模达140万只

已建成中盛100万只肉羊屠宰厂

建设羊肉熟食加工厂，研发快餐食品、休闲食品、预制菜产品，延伸加工链、提升价值链

车间"。这些年，该公司积极聘请国内外知名专家教授，通过人工授精、胚胎移植、基因编辑、高效繁育等高科技，致力于肉羊良种选育和先进技术示范推广，着力构筑国内肉羊全产业链绿色循环发展的技术前沿阵地和羊业"芯片"。

在追求利益最大化的道路上，该公司的专家团队展现出了卓越的科技实力与创新能力。他们不仅面临着一系列的技术挑战，还肩负着将不同品种羊的优异特质集合到一种羊身上的重任。为产出均匀一致的育肥肉羊，屠宰加工成整齐、均匀、一致的肉羊产品。公司对母羊群作了相关处理，实现1 000只母羊在同一天排卵、同一天配种，同时产羔、同时断奶、同时育肥、同时出栏。为选出最好的母体基因，公司选出最好的母羊进行人工授精后将胚胎取出，让其他母羊"代孕"产羔，这种方式可以让一只优质母羊一年产出36只羔羊，实现了优质个体快速提升。同时，通过"孕检"判定母羊怀孕数量，进而分群饲养，分级配送营养，提高羔羊存活率和优质羔羊率。高科技的养羊繁育模式，已成为环县羊产业快速高质量发展的新引擎。外引技术的普及，还需要培养一大批本地人才。环县围绕养殖团队专业化，提高引才政策"含金量"，通过实施引进"百名高端人才"、留住"千名大学生"、培养"万名职业农民"的"百千万"人才引育工程，引进国内外养殖行业专家110多人，组建了国际、国内和地方3支队伍，成立以环县现代羊产业研究院、草产业研究所、奶山羊研究所、肉羊科技发展研究所、环州羊肉食品研究所"一院四所"为核心的"产教联盟"，与甘肃畜牧工程技术学院联合办好畜牧兽医"2＋3"大专委培班，每村至少委托培养2名高水平的技术员，实现村村都有技术指导员，户户都有养羊"明白人"。

（二）"二级车间"保繁殖

环县充分发挥庆环肉羊制种基地平台优势，培育"中环肉羊"核心育种群7 000只，示范带动环县羊羔肉集团、环县牧康牧业发展有限公司等11家企业选育良种，释放新品种"科技红利"，年生产投放优质父本种羊1万只；聘请专家团队制定纯繁选育标准和计划，确保每年生产投放纯种湖羊基础母羊12万只以上。环县山城乡薛塬村的湖羊养殖大户郭鹏程就在自家湖羊群中开展"五级二元"杂交，目前"二元"羔羊已经出栏近百只，为他带来十几万元的收入。"二元"羊羔出生体重就比纯湖羊多2斤①左右，出栏时间能早20天，每只效益能高出100～150元。全县像郭鹏程一样的湖羊养殖户已普遍利用"五级二元"进行杂交扩繁，年生产优质杂交商品羔羊200万只。环县已建成"二元"杂交示范点50个，示范推广湖羊母本双羔基因与良种父本产肉基因优

---

① 斤为非法定计量单位。1斤＝500克。——编者注

化组合的"二元"杂交技术。截至目前，庆环肉羊制种公司培养的新品种羔羊产肉能力提升20%，饲料转化率提高8%，品种稳定率提高12%，每只"三元"杂交羔羊比其他类型羊可增收200元，极大提升了养殖效益。

甘肃庆环肉羊制种有限公司，作为环县招商引资的璀璨明珠，是甘肃省内目前唯一的高科技肉羊制种企业。该公司以科技为支撑，致力于支柱产业的蓬勃发展，肩负着良种父本羊的选育以及新品种培育的神圣使命。甘肃庆环肉羊制种有限公司的存在，不仅为环县的经济发展注入了新的活力，更为甘肃省乃至全国的肉羊产业贡献了卓越的科技力量。

甘肃庆环肉羊制种有限公司运用国内外最先进的技术来发展羊产业，促进产业升级换代，进而带来生产效率的提升。在该公司的基因组实验室，邀请了国内外多位顶尖科学家加入科研团队中，主要工作是筛选基因优质品种，克隆与基因编辑研究室则主要攻克基因改造难关。环县农户的养殖事业目前聚焦于滩羊和湖羊两大品种。在二者的对比中，湖羊以其卓越的产羔能力脱颖而出，而滩羊在此方面则稍显逊色。为了克服滩羊在繁殖能力上的不足，科研人员巧妙运用基因编辑技术，成功将湖羊的多羔基因融入滩羊的基因图谱之中，从而有效解决了滩羊少产的问题。除了提升滩羊的繁殖效率外，这种基因编辑技术还有望解决羊类常见的一些疾病。通过精准编辑羊只的基因，科研人员有望减少甚至消除某些遗传性疾病的发生，为羊群健康保驾护航。这无疑将进一步增强环县农户的养殖信心，推动当地畜牧业的持续发展。

中国农科院专家来环县调研考察时，认为环县具备打造"中国羊谷"的基础条件。现在所做的，就是在为将来的"中国羊谷"赋予内容。"羊谷"，取义硅谷，意指高科技发展的羊产业。解密"羊谷"的"密码"，就是一连串新科技与旧传统的"联姻"——饲草的精准配方，批量的人工授精，精准的B超检测，通过基因编辑、杂交育种等高科技实验，培育出一种产羔多、产肉多、食量少、肉质好、育肥快的新品种羊。

（三）"三级车间"增产量

"三级车间"主要任务是做集中育肥，积极推进大学生、养殖能人、社会力量领办示范社，持续探索优化草料比例，制定标准化育肥技术规程，确保羊肉产品基因一致、规格一致、品质一致，以提升全县养羊整体效益。同时，环县坚持"四级车间"做屠宰加工，全力支持中盛百万只肉羊屠宰厂扩能上产，保价屠宰县内育肥羊，力争"十四五"末突破100万只。农户家养殖规模小，不利于育肥，羔羊出栏后销路难寻。在羊产业不断升级发展的过程中，群众养羊、合作社育肥的模式逐渐成为全县羊产业发展的新模式。据了解环县对全县肉羊产业的养殖体系重构源于当地大力推进"331＋"肉羊产业扶贫新模式。

所谓"331+"模式：第一个"3"指的是组建"公司＋合作社＋养殖户"三方联动的利益共同体；第二个"3"是推进"资源变资产、资金变股金、农民变股东"的"三变"改革；"1"是建立统一科学的品牌化质量管理体系，采取"户托社养"的方式由合作社统一饲养管理；"＋"则是加党建和村集体经济。环县有关负责工作人员介绍，在"331+"模式的带动下，环县养羊农户达到了4.8万户。在长期的探索发展中，环县按照引育推广肉用羊、进口纯繁奶山羊、提纯复壮黑山羊的"三羊开泰"产业体系，带动引导了244个"331+"合作社将主营方向转为育肥，全力打造环县肉羊产业的"三级车间"——集中育肥，确保羊肉产品基因一致、规格一致、品质一致，以提升全县养羊整体效益，年可出栏"同批、同质、同价"育肥羊140万只以上。

（四）"四级车间"扩效益

"四级车间"主要是承担屠宰加工的任务。环县坚持做强"四级车间"——屠宰加工，全力支持中盛百万只肉羊屠宰厂扩能上产，保价屠宰县内育肥羊。中盛羊业发展有限公司上接市场，下联社户，当好市场和农户的缓冲带，采取"政府入股建设、企业运营管理"模式，领办标准化湖羊养殖示范专业合作社124个，辐射带动周边农户发展草羊业。同时，中盛羊业发展有限公司同庆环制种公司实现"强强联合"，与国内国际10多个科研机构、院校研究所达成长期合作关系，引进养殖行业顶尖专家110名，组建起国际队、国家队和地方队3支队伍，联合推广肉羊同期发情、"二元"杂交、高效育肥等新技术，帮助65个合作社成功转型育肥场。科技赋能肉羊生产，通过检测牧草营养成分，根据不同阶段羊只的营养需求，在全县范围推广全混合日粮和全发酵日粮的"傻瓜式"饲喂方式，探索推广"分圈养""分灶吃"的养殖模式，引导帮助养殖场户由传统粗放圈养向科学精准饲养转变。到2020年，"二元"杂交商品肉羊育肥周期缩短了10天以上，屠宰率由原来的48.5%提升至50.0%以上，湖羊单胎产羔数由原来的1.8个提高到2.2个，羔羊繁殖成活率由原来的85%提升到90%以上。中盛羊业发展有限公司重点开发新产品，坚持规模化、标准化生产，建成国内最先进的肉羊屠宰水平预剥生产线和自动化褪毛生产线，应用量子排酸、过冷保鲜、低温速冻等国内最先进技术，确保"环县羊肉"品质相符、质价同优，累计屠宰肉羊110万只，销售收入达15亿元。

（五）"五级车间"拓链条

"五级车间"主要是做熟食开发，推广"预制菜"。以支持中盛公司建设羊肉熟食加工生产线，引进金川集团建设熟食加工厂，研发推出休闲食品、快餐食品、预制菜产品，集中精力打造"中国羊肉串生产第一县"。在过去的羊产业发展过程中，环县羊肉品牌打造主要致力于屠宰加工方面，开发出的 85 种羊肉系列产品，在国际国内市场上竞争力不断增强，不仅成为一些知名餐饮连锁企业的羊肉食材核心供应产品，还多次出口阿联酋、迪拜等国家和地区。近年，环县引进圣农集团、甘肃华膳食品工程有限公司等大型企业与中盛公司合作打造全县肉羊产业链的"五级车间"，积极筹建环有熟食加工厂，开发羊肉串、红烧羊腩、霸王羊头等快餐食品、预制菜品，加快实现科技与产业的深度融合，不断提升"环县羊羔肉"的品牌美誉度、影响力和市场竞争力。环县在冷冻加工的基础上建设羊肉熟食加工生产线，推出预制菜，拉长和拓展产业链条，着力打造"中国羊肉产品第一县"。熟食加工是产业发展的末端，也是未来产业发展的趋势。将环县羊肉做成熟食，让熟食品深加工一体化，持续以产业振兴助推乡村振兴是环县羊产业发展的百年大计。

二、"三羊开泰"明晰发展思路

近年，环县着眼良种规模、专业集群、育肥质量、社会服务、品牌营销"五个升级"，按照引育推广肉用羊、提纯复壮黑山羊、进口纯繁奶山羊"三羊开泰"思路，全面推动"政、企、研、社、村、户、服"七位一体发展，走出了"引育繁推一体化、种养加销一条龙"的全产业链、全价值链、全循环链高质量发展模式。从"五抓五促"到"331＋"，从"二羊争骄"到"三羊开泰"，从散放牧到绿色循环全产业链，这是一部产业转型升级的发展史，也是一部全县人民脱贫致富的奋斗史，更是环县告别贫困落后、奔向小康之路的奋进史。环县 870 万亩天然草场、200 多万亩紫花苜蓿，繁育出了 200 多万只羊。过去是山羊和滩羊"二羊争骄"，现在是山羊、湖羊、奶山羊"三羊开泰"（图 2-2）。

（一）培育发展肉用羊

培育发展肉用羊，重点以湖羊为主。通过引进庆环肉羊制种有限公司培育的优质种羊，并投放到合作社和农户，促进高产高效基因加快利用；通过引导动员全县养殖农户、家庭农场全面开展湖羊母本"二元杂交"扩繁生产，退出育肥环节，专业化从事商品羔羊生产，全面实现自主发展、良性循环；积极推进大学生、养殖能人、社会力量领办示范社开展专业化羊只育肥，提升育肥效能；通过支持中盛百万只肉羊屠宰厂扩能上产，保价屠宰县内育肥羊，延伸产业链条；通过引进建设熟食加工厂，研发推出环县羊羔肉休闲食品、快餐食品、预制菜产品，进一步延伸产业链条，拓展市场，提高效益。围绕 G211、G341 两条国道线，持续实施"百千米、百万只"肉羊育肥示范带项目，建办

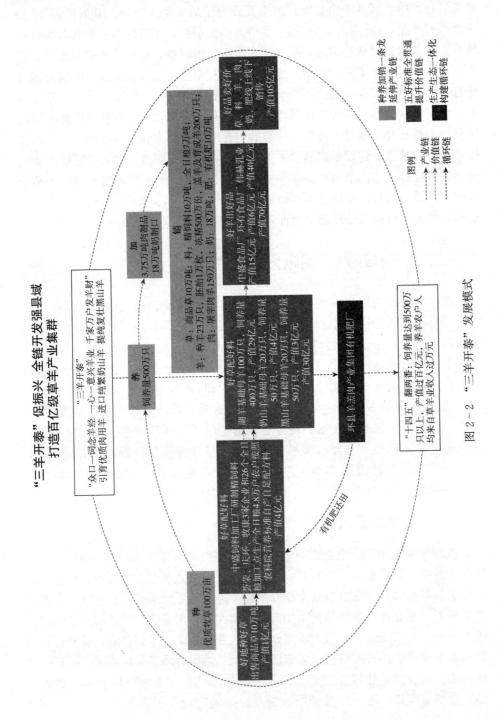

图 2-2 "三羊开泰"发展模式

30 个万只以上规模育肥场，新建或依托"331＋"合作社，改造升级 92 个年出栏 5 000 只以上规模育肥场，年出栏育肥羊达到 150 万只，打造全省"品质最优、效益最高"的标准化肉羊生产基地。

（二）进口纯繁奶山羊

在 2017 年之前，环县的羊产品仅限于羊肉，为了弥补产业短板，该县通过招商引资，引进伟赫乳业，并支持建设集奶山羊养殖、乳制品生产加工为一体的奶山羊产业链。支持伟赫乳业建成白草塬 10 万只奶山羊繁育基地，打造甘肃省首个奶山羊产业科技示范园。引导社会资本参与，建办 30 个 3 000 只以上奶山羊养殖合作社，按照伟赫乳业技术标准统一进行经营管理，对外提供优质母羊 10 万只，种公羊 1 万只，实现年产 18 万吨乳制品加工厂达标达产。2018 年，毛井镇奶山羊养殖场建成，第一批引进的澳大利亚奶山羊进场养殖，目前已经存栏奶山羊 3 万余只。2021 年 9 月，年产 18 万吨乳制品生产加工厂建成投产，目前可生产牛羊奶制品 10 多种，日生产量达到 60 吨，已经累计生产 1 万吨，重点销往西安、深圳、兰州等城市；2004 年，环县白草塬 10 万只奶山羊养殖基地一期工程基本建成，已经进驻奶山羊 6 000 余只，为 18 万吨乳制品加工厂提供可靠的奶源。

（三）提纯复壮黑山羊

提纯复壮黑山羊，即是对陇东地区黑山羊种群进行精心选育，旨在实现其持续、稳定且健康的发展。在过去的数十载中，环县的陇东黑山羊因近亲繁育、粗放养殖等原因，导致种群规模逐渐缩减，且繁育能力受到一定制约。然而，根据中国农科院农产品加工研究所的详尽测定，环县黑山羊的营养价值令人瞩目。其蛋白质含量高达 21.87%；脂肪含量适中，占比为 3.28%；氨基酸含量更是达到了 18.87%，这充分显示出其高蛋白、低脂肪的优良特性。更值得一提的是，环县产区的陇东黑山羊还富含人体必需的十余种矿物质，这无疑为它们的品质再添一抹亮色。因此，环县产区的陇东黑山羊不仅数量稀少，而且品质卓越。环县羊羔肉也是国家地理标志保护产品，荣获全国十佳羊肉品牌第一名，全国绿色农业十佳畜牧地标品牌，第五届中国农业（博鳌）论坛指定产品，国家体育总局训练局"国家队运动员备战保障产品"，冠名"环县羊羔肉"高铁往返银川、杭州，在第二届中国食品博览会上荣获"中国名宴"称号等殊荣；环县"山童牧歌"系列羊羔肉产品被认定为全国绿色食品 A 级产品，曾获中国绿色食品博览会金奖。面对取得的诸多成就，为了进一步促进品牌升级，提纯复壮黑山羊迫在眉睫。如何继续复壮陇东黑山羊，环县提出了提纯措施，就是按照科学养殖的措施，选优种羊、扩繁优质羔羊，并科学规范养殖、育肥，以达到复壮的目的。

三、"五好标准"建强产业链条

为进一步突出保草稳羊的重要地位，构建抗风险能力更强、种植结构更合理、保障供给更充足的优质饲草供应体系，为扩群养殖提供坚强支撑。同时，提高产品质量，扩大产品的影响力，突出一二三产业融合发展，着力推进羊肉产品精深加工，提升羊产业的附加值，破除低价值、同质化瓶颈，实现差异化、增值化发展。环县制定了"五好标准"建强产业链条。

（一）好地种好草

环县按照"粮饲统筹、种养结合，羊随草走、草随羊种"的思路和"县北燕麦草、县南苜蓿草、全县青贮草"的布局，以荟荣草业有限公司为龙头，全县上下坚持以草为业，漫山遍野种好生态草，千家万户种好配方草，集中连片种好商品草。先从良种抓起，新建饲草种子良繁基地3000亩，培育抗病力强、适应性广的饲草籽种，逐步实现县内自给自足。在保障粮食生产的基础上，充分利用环县土地资源优势，鼓励合作社和农户广种草、种优质草，年均种植牧草80万亩以上。围绕提高组织化、机械化程度，统筹调度全县收割机械，形成规模连片收割与分散自主收割相结合的收割模式，确保"寸草归仓"。同时，大力推广科学饲料配方，根据成羊、羔羊、孕前、孕后等羊只不同生长阶段，调优饲料比例，均衡营养搭配，分群精准饲喂。建成中盛12万吨饲料加工厂，满足示范社、规模场需求。统筹考虑服务半径、供应能力，新建全日粮配送中心10个，全县达到27个，年生产全混合发酵日粮4万吨以上。新建颗粒饲料加工点3个，年生产颗粒饲料5000吨以上，丰富饲料种类，完善营养体系。

（二）好料养好羊

坚持把选好羊、育好种作为发展羊产业的关键一环，持续完善"一级车间"培育良种、"二级车间"杂交扩繁、"三级车间"专业育肥、"四级车间"屠宰加工、"五级车间"熟食开发的"五级二元"生产体系。到2025年，羊只良种化率将达到85％以上，"中环肉羊"培育取得突破性进展，奶山羊良种规模持续扩大，黑山羊地方品种得到有效保护。全县万只规模育肥场达到100个以上，形成两条"百千米、百万只"集中育成示范带。

1. "三羊开泰"高效养

坚定不移走肉用羊、奶山羊、黑山羊"三羊开泰"、共发"羊"财的路子，着力创建良种培育输出基地。选育扩繁肉用羊。加快推进"中环肉羊"新品种培育，建设"肉羊种质创新中心"，引进基因组育种、分子设计育种等高新技术，培育"中环肉羊"育种核心群 7 000 只以上，选育"二元"F1 代 3 200只，"三元"F1 代 1 800 只。深入推广"三级二元"良繁模式，建成"二元杂交"示范点 20 个，同步推广"南湖""萨湖""陶湖"二元经济杂交，示范带动生产杂交羔羊 15 万只。按照"先保县内扩繁，再保县外供种"的原则，挖掘中盛、庆环、规模性合作社等规模场资源，纯繁选育湖羊基础母羊 35 万只以上，更新换代基础母羊 5 万只，确保全县湖羊基础母羊存栏达到 65 万只以上，向县外市场供应种羊 2 万只以上。纯繁选育奶山羊，设立奶山羊发展基金，2022 年扩繁选育纯种奶山羊 2 万只以上，力争总存栏突破 4 万只。提纯复壮黑山羊。接续实施陇东黑山羊提纯复壮"五年行动计划"，支持发展黑山羊专业户 300 户、示范户 1 000 户，确保到 2022 年底黑山羊存栏达到 10 万只以上。

2. 整村推进专业养

大力推进"十乡百村千社万户"规模养殖体系建设（到 2025 年，全县养羊专业乡镇达到 10 个以上，专业村超过 100 个，合作社、育肥场达到千个以上，专业户超过 2 万户），将"三个 70%"指标调整为 70% 以上在家农户养羊，70% 以上的作物秸秆加工利用转化为饲草（料），养羊农户中收入5 万元以上的占养羊户整体数量的 70%，"第三个 70%"实现"541"的内部结构优化（存栏 50 只以上、收入 5 万元以上的养羊户中，基础母羊 30 只以上、出栏存栏各 50 只、年收入 5 万元以上的"稳定小康户"占比达到50%；基础母羊 50 只以上、出栏存栏各 100 只、年收入 10 万元以上的"富裕典型户"占比达到 40%；基础母羊 100 只以上、出栏存栏各 200 只、年收入 20 万元以上的"乡村振兴示范户"占比达到 10%），择优遴选 20 个养羊基础好的行政村，开展第二轮养羊专业村创建，进一步夯实规模化养殖基础。

【案例 2 - 1】

骆军发是环县曲子镇西沟村的养殖户，全村最显眼最"豪华"的就是他家新修的羊舍。骆军发家养的小羊崽每只能收入 1 000 多元，虽然受新冠疫情影响，2020 年上半年卖羊毛收入只有 4 万多元，但下半年行情逐渐好转，预计全年能卖到 12 万元左右。如今，骆军发自家的羊存栏达到 130 只，一年下来净收入 7～8 万元不成问题。骆军发在养羊的同时还把他的 26 亩地全部改种紫花苜蓿，一年下来养羊的饲料成本就能节省 5 万余元。

骆军发就是西沟村发展养羊产业的缩影。从 2018 年开始，西沟村按照全村 70% 土地种草、70% 在家农户养羊、70% 农民收入来自草羊业模式，开展以产业兴旺带动脱贫致富、推动乡村振兴试点，为产业扶贫创经验，为乡村振兴探新路。

西沟村充分发挥党组织统领经济发展的优势，探索推行"党支部＋联合社＋合作社＋社员"的村社合一模式，通过组织凝聚党员、党员推动产业、产业助推群众致富的党建引领脱贫致富新格局，促进产业壮大、农民增收、党建提标。

西沟村动员全村 675 户农户全部加入草产业合作社，291 户养殖户全部按就近原则加入 7 个养殖专业合作社，实现产业关联农户入社全覆盖，真正把群众组织起来促生产。

3. 提标扩群示范养

推行专家提高培训与合作社实用技术培训相结合的分层培训模式，落实"四项物化"补助政策，培育湖羊基础母羊 10 只以上的专业户 4 000 户，壮大养殖基础。按照项目化管理，扶持专业户提标扩群专业户 1 000 户，其中，典型富裕户 840 户，乡村振兴示范户 100 户，甲类家庭农场 20 户、乙类家庭农场 40 户，形成典型示范。以稳定湖羊基础母羊数量为重点，采取基础母羊增量奖补政策，专业户年内每增加 1 只纯种湖羊基础母羊，补助 200 元饲草料费用，确保湖羊基础母羊保有量有增无减，实现"藏羊于民"。

4. 社带户养自主养

引导带贫企业、合作社升级实施"社带户养"，激发养殖户内生动力，实现由"养殖托管"向"自主发展、服务增效"转变，不断扩大养殖群体和规模，促进合作社与带动户养殖效益双提升。

【案例 2-2】

2018 年初，环县恒基肉羊养殖农民专业合作社为了摆脱自身发展困境，积极响应县政府产业扶贫号召，接受养殖户以 2 万元的财政专项扶贫资金和 3 万元的财政贴息贷款入股合作社，采用"户托社养"的方式进行肉羊养殖。不仅每年向养殖户兑现保底分红，三年托养周期到期后，合作社还给每户养殖户留置一半的基础种羊滚动发展，由养殖户决定自养或者继续入股。按照"331＋"模式进行养殖，即组建"公司＋合作社＋养殖户"三方联动的利益共同体；推进"资源变资产、资金变股金、农民变股东"的"三变"改革；建立统一科学的品牌化质量管理体系，采取"户托社养"的方式由合作社统一饲养管理;"+"是加党建和村集体经济,村集体以产业互助资金入股合作社分红,增加村集体经济收入。2020年底,合作社实现纯收入638万元,不仅带动周边养殖户脱贫增收,还使得合作社自身实现了从起步艰难到发展壮大、从入不敷出到盈利富余的蜕变。自从政府推行"户托社养"模式,将到户产业扶持资金投入到合作社,既解决了合作社资金周转的困难,又扩大了养殖规模,加之市场行情好,合作社和养羊户都赚了钱,产业到户资金确实是既富了合作社,又富了农民。

5. 工业育肥订单养

坚持"全县统筹、统一价格、划片收购"的原则,通过保护价收购、育肥补助、屠宰补助等政策支持肉羊育肥场开展订单收购、工业化育肥,做到应收尽收。按照"先保县内再供县外"的思路,全年订单生产优质商品肥羔60万只,全力保障中盛屠宰厂40万只屠宰任务一只不少,在中盛屠宰厂供应充足的前提下,向县外屠宰合作企业供应20万只以上。确保养殖场(户)断奶羔羊能够及时出栏变现,确保环县羊羔肉市场占有率持续增长,确保实现羊肉质量追溯体系初步形成。

6. 提升服务保障养

坚持把最贴心的服务向产业集结,最优秀的人才向产业集中,最优质的要素向产业集合,全力推动服务升级、保障升位,为产业发展保驾护航。①供应链金融服务。持续加强"政、企、银"三方合作,动态掌握贷款需求,加大信贷力度,通过投放"金羊富民贷"、脱贫人口小额信贷等政策性惠农贷款,全力支持羊产业发展,解决产业融资难问题,推动实现规模发展。②社会化防疫服务。下放村级产业指导员的选择权限,强化乡镇管理职能。规范乡镇畜牧兽医站门诊管理,优化机制,提升诊疗服务质量。返聘退休村防疫员,确保村级动物诊疗室正常运行。开展技术服务包片,县畜牧兽医局整合专业技术人员,成立技术服务小组,分片包抓全县规模养殖场户,每月开展一次技术指导。持续推进"无规定动物疫病区"创建,通过优先收售、项目奖补、挂牌推广等多种形式鼓励养殖场户开展无疫户、无疫小区、无疫村、无疫乡镇创建,确保"十四五"末把环县建成无规定动物疫病县。③全覆盖保障服务。全面落实养殖保险兜底,实行断奶羔羊、育肥羊"双保护"价格收购,化解市场风险,稳定收入预期。加强对保险公司的跟踪监督,确保应赔尽赔、及时理赔,杜绝推诿扯皮、人为设障,最大限度保障群众利益。④专业化人才服务。稳定"国际队""国家队""地方队"三支技术服务团队,聚集百名专家合力推动肉羊养殖降本提质增效。

（三）好羊出好品

突出一二三产业融合发展，推进羊肉产品精深加工，提升羊产业的附加值，破除低价值、同质化瓶颈，实现差异化、增值化发展。首先，扩能上产，抢占市场。持续落实屠宰奖补政策、育肥交售补助政策，支持中盛食品厂扩大产能。其次，招大引强，延链补短。坚持以工业化的思维发展农业，突出精深加工的牵引作用，招商引进圣农集团等大型企业，建设羊肉熟食加工厂，研发推出快餐食品、休闲食品，延伸加工链，提高附加值。最后，完善标准，认证贯标。将"五好标准"贯穿于羊产业全生命周期，持续完善溯源体系建设，保障食品安全可防、可控、可追溯。与中国农科院合作，开展"环县标准"贯标创建，分类创建"环县肉羊饲草标准体系、营养标准体系、防疫标准体系、育肥标准体系、加工标准体系、质量标准体系"，打造独一无二的产业名片。

（四）好品卖好价

坚持好品卖好价，持续推进品牌带动战略，持之以恒建品牌、拓销售、创利润，通过市场化的运作手段，逐步推动肉羊全产业链上市。首先，大手笔创品牌。持续加强与中央电视台、新华社等主流媒体合作，统筹实施"环县羊羔肉品牌十大宣传活动"（环县羊羔肉品牌全国巡展活动、奥运冠军进校园推介活动、银西高铁"环县羊羔肉"号冠名宣传活动、中国画院"环县'三羊开泰'"采风活动、中国烹饪协会"环县羊羔肉"名菜制作比赛活动、中国绿色农业联盟《环县羊羔肉》出版系列活动、全国羊产业专家教授考察交流活动、国家体育总局训练局在环县举办趣味比赛活动、全国知名企业家"环州故城"体验活动、国家体育总局训练局环县羊羔肉品鉴座谈活动），全力做好第31届世界大学生运动会（成都）羊肉产品供应。其次，大联盟促营销。依托肉羊营销协会建强"产销联盟"，培养专业经纪人50人以上，加快资源整合，加强信息互通，建立起渠道共享、联动密集、对接顺畅的产销网络，联合抱团闯市场，提升区域定价权。与水发集团深入合作，开拓新疆、山东、内蒙古等地种羊市场，加快实现供种全国。加快谋划在北京、西安等城市配套建设冷链配送中心，深挖线上线下销售渠道，实现优质优价、畅销全国。

四、"七位一体"实现产业联合

近年，环县用心"凝链"，围绕"强链主、延链条、固链点"，一环扣一环从"链"上发力，构建全产业链、全供应链、全价值链、全循环链、全闭合链的产业体系。在羊产业链上，党政负责人是"链长"，定方案、抓统筹，强服务。构建政、企、研、社、村、户、服"七位一体"的产业联合体，促进小农户对接大市场。龙头企业带"头"当"链主"，合作社当"链条"。环县采取"建新扶强"的办法，创办合作社 300 多个，出台了《环县扶持多元经营主体创办合作社的意见》，合作社上联龙头企业、下联农户，通过"户托社养""社带户养""投羊还羔"订单养殖、技术帮带、就业带动等方式，把养羊户、种草户全部聚集在产业链上（图 2-3）。

（一）党委、政府抓统筹

坚持党政齐抓、县乡同频、干部群策，编制了《环县现代肉羊产业发展总体规划》，成立羊产业发展工作领导小组，每年召开 1 次羊产业大会，每月召开 1 次领导小组会，定期研究羊产业工作，先后出台了 40 多项配套政策，使各类主体、各个环节都有项目资金支持，有政策保障，有人跟进落实。

（二）龙头企业做链主

龙头企业是带动产业发展的旗帜和标杆，也是保障产业持续健康发展壮大的最可靠和最稳定的后盾。环县将引培龙头企业作为推进产业振兴的基础性工作，出台了一系列奖补政策，先后引进中盛、伟赫、庆环 3 家龙头企业，培育荟荣草业、羊羔肉集团、牧康牧业、正丰农牧业、民顺牧业、奥华牧业、陇塬三羊牧业 7 家本土企业，让它们担当"链主"作用，引领闯市场。近期，环县和金川集团、华膳食品公司签订合作协议，筹划新建 50 万只羊肉精深加工厂，通过开展羊肉熟食品及羊血、羊皮、羊毛（绒）等精深加工，开发"全羊产品"。与山东水发集团达成合作意向，将发挥环县人才技术优势，瞄准新疆丰富的牧草资源和广阔的市场前景，实施"百人万羊"进疆工程（100 名技术人员、10 万只优质种羊），联合开拓市场，逐步实现环县羊肉、种羊卖向全国、人才技术输出全国。

（三）科研团队抓推广

养殖业发展的核心是"育种"，如果优质种质资源被其他人控制，发展永远都会被"卡脖子"。福建圣农集团，就曾经因为无自主白羽肉鸡、种鸡，导致在扩大养殖规模时，需要向其他国家购买种鸡，支付高昂的费用，长期受制于人。环县在羊产业发展之初，就意识到了上述问题的严重性。2018 年以"政府投资建设、企业租赁经营"的轻资产模式，引进甘肃德华生物股份有限公司，建办了庆环肉羊制种基地，为环县羊产业高质量发展搭建了"一平台、三基地"（世界前沿技术合作研发推广平台、肉羊制种和良种基因输出基地、技术人才队伍培育基地、科技带贫示范基地）。该公司被甘肃省农业农村厅授予"甘肃省良种肉羊繁育基地"，技术团队被农业农村部评为"产业技术扶贫

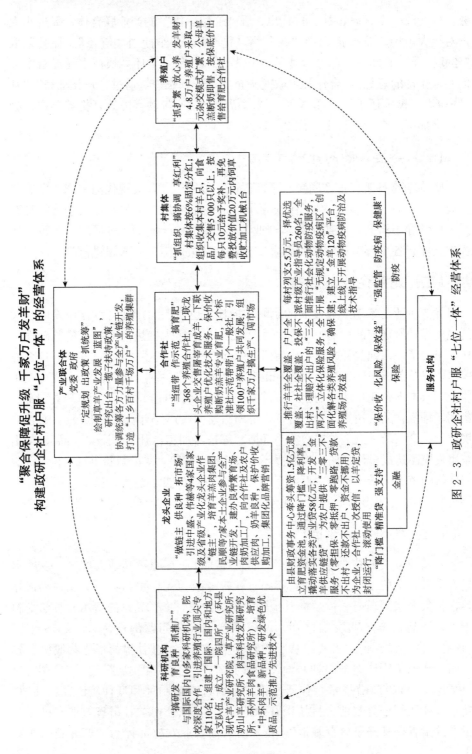

图 2-3 政研企社村户服 "七位一体" 经营体系

优秀团队"。2021年2月，被评为全国脱贫攻坚先进集体。同时，环县加强与10多家科研机构院校深度合作，建立了科研团队、研究院所，全面加强良种繁育等技术研究，逐步把环县建成国家级良种培育输出基地，增强产业科技含量。

（四）合作社建纽带

合作社上联龙头企业，下联农户，在产业发展中处于中轴枢纽的关键地位。在产业发展初期，环县政府研究出台《环县扶持多元经营主体创办肉羊专业合作社的意见》，扶持在职干部和畜牧技术人员、未就业农牧专业大学生、企业员工、村干部、在乡能人"五类人员"创办带贫养殖合作社368个。在联企业上，与中盛公司签订养殖订单，从中盛公司购进种羊进行养殖，按照合同约定交售育成羊，解决好市场销售问题。通过保护价收购、屠宰补助等政策鼓励，切实解决全县肉羊卖难、卖贱等问题。在联农户上，推行"1帮1带100"技术帮带机制（1个示范社帮带1个一般合作社、引领100户群众共同发展），区域就近联合组建20个乡镇联合社，行业相近联合组建3个专业联合社，组织千家万户促生产、闯市场。随着环县整县脱贫摘帽，工作方向逐步由全面攻坚向巩固拓展转变，也对原来的"户托社养、投羊还羔、订单养殖"等模式进行优化调整，推行"社带户养"模式，激发养殖户内生动力，实现由"养殖托管"向"自主发展、服务增效"转变。

【案例2-3】

环县是半农半牧大县，这里的百姓自古以来就有养羊的传统，但大多是投入多，产出低。毛井镇红土咀村返乡创业的"羊老板"杨文斌，10年前还是走南闯北的"建材老板"，10年后的今天，他成了当地出色的"养羊达人"，不仅创办了属于自己的养殖合作社，更成了环县羊产业发展的示范带头人。杨文斌认为，造成这真正的原因是传统的散养，而不是精细化地饲喂，是"各自为政"式牧羊，而不是"抱团发展"式饲养。2012年，在外创业的杨文斌回乡成立了肉羊养殖农民专业合作社。2016年，环县的产业扶持力度不断加大，杨文斌看到了希望。于是，他建设标准化的棚圈，调运湖羊，外出学习湖羊养殖经验，利用"社托户养"模式，扩大养殖规模，增加养殖效益，杨文斌带领村民走上了规范化、标准化、技术化的养羊之路。科学养殖，说着容易，做起来难。杨文斌召集村里积极性较高的养殖大户，邀请养殖专家多次到合作社开展养殖技术培训，带领养殖户到企业参观学习，通过现场教学和观摩，让技术化、科学化养殖的观念深入养殖户心中。随着羊产业的发展，杨文斌逐渐由扩繁养殖向扩繁和育肥并重迈进，他的养殖合作社也由一个发展到三个养殖育肥合作社，基础羊存栏总计达到 8 000 只以上，出栏超过 2 万只。杨文斌的养殖专业合作社上联企业，下联农户。在他的带领下，毛井镇红土咀村的 189 户养殖户，羊存栏已经超过 1.3 万只，其中羊存栏超过 100 只的农户 5 户，靠羊产业收入超过 10 万元的农户 20 户。

【案例 2-4】

在环县，提起养羊，不得不说曲子镇西沟村。刘小兵是西沟村的党支部书记兼村委会主任。西沟村在发展过程中面对的是群众缺乏主导产业的致富难题。在此形势之下，刘小兵坚决地以党建为核心，携手村"两委"班子，开启了一场创新且充满信心的"村社合一、草羊一体、生态循环、整村推进"的产业扶贫实践。在他的引领下，西沟村成功建立了 7 家养殖合作社，这不仅为村民提供了稳定的收入来源，也为村庄的经济发展注入了新的活力。同时，他还创建了 1 个草业合作社和 1 个全日粮饲料加工专业合作社，进一步完善了产业链，形成了草业、养殖业和饲料加工业的良性循环。为了更广泛地动员村民参与，刘小兵积极行动，成功动员了全村 675 户农户全部加入合作社，共同分享产业发展的红利。同时，他还根据就近原则，将 310 户养殖户全部纳入了养殖专业合作社，实现了资源的优化配置和效益的最大化。为了进一步加强村民的团结与协作，刘小兵还积极推动了村级联合社的建办，这不仅提升了村民的组织化程度，也为村庄的可持续发展奠定了坚实的基础。在刘小兵的带领下，西沟村正在朝着共同富裕的目标稳步前进。

（五）村集体促协调

为全面消除"空壳村"，强化基层组织功能，环县推行"村社合一"，把党支部建在产业链上、党员聚在产业链上，让党建引领产业发展。村党支部统筹抓好要素供给、内外关系协调等工作，保障本村合作社规范运行、养殖户有序生产、产业健康发展。对养羊先进村，优先评优选模，并重奖班子成员，实现班子得荣誉、个人得实惠。脱贫攻坚期间，为支持贫困村壮大村集体经济，按照深度贫困乡镇的深度贫困村每村 260 万元、其他乡镇深度贫困村每村 200 万元、一般贫困村每村 150 万元的标准，设立村集体经济发展基金，通过创办合作社或参股龙头企业、合作社，每年按不低于 6% 分红，村集体收入均达到 6 万元以上，实现集体享分红。

【案例 2-5】

芦家湾乡宋家掌村有 183 户村民养羊，存栏 5 200 多只。面对之前羊畜市场价格走低的问题，村上注册成立了环县宋掌生态农业农民专业合作社，注入10万元集体经济资金，以本村村民为服务对象，以奖补的形式收购羊只。

38岁的张丽红是宋家掌村村民，也是当地的养殖大户。张丽家世代养羊，2019年更换羊只品种，开始养殖湖羊，现在存栏168只，2023年出栏150余只，毛收入近15万元。

除了自己养羊，张丽红还是村里的产业指导员，2023年以来，他为80余户养殖户开展上门收购服务，累计交售羊只600多只，屠宰150余只，带动养殖户享受奖补1.5万元。

在张丽红带动下，50岁的张明也通过养羊走上了致富路，通过羊畜交售奖补政策，一年毛收入达到13万元。张明前几年在银川、吴忠一带务工，2021年返乡养羊，目前存栏53只湖羊、26只羔羊。

近年，芦家湾乡把发展草羊首位产业作为带动群众稳定增收的重要抓手，围绕"党委领航、支部领路、合作社服务、党员群众参与"的主线，培养了"党员示范户、养殖明星户、三类户"人群，走出了"专业村带动、提标扩群"两条路子。

（六）养殖户放心养

养殖户是产业链上的"细胞"，有着举足轻重的作用，环县持续落实"四项物化"补助政策，用于建羊棚、草棚等。2022年，制定了专门的抗旱保粮保草保羊"十条措施"，提振养殖户信心，确保羊产业健康持续发展。2023年，环县计划新培育湖羊基础母羊10只以上的专业户2 000户，提标扩群专业户1 500户。以稳定湖羊基础母羊数量为重点，采取基础母羊增量奖补政策，确保湖羊基础母羊保有量有增无减，实现"藏羊于民"（图2-4）。

图2-4 养殖户圈舍

【案例 2 - 6】

革命老区环县生态环境脆弱，绵延起伏的高山将穷山沟与外界隔离。曲子镇西沟村的孙志学一家生活十分艰苦。为给妻子治病，他们家的生活曾经陷入困境。近年，环县大力推动饲草种植和养羊产业。"种草养羊，本短利长"的发展计划带动了孙志学。2013 年，他获得了政府提供的 5 万元精准扶贫贷款，开始养羊。起初，市场波动、羊价下跌，孙志学赔了钱，但是他没有放弃养殖，调整状态，继续进行投入养羊的行动中。后来政府又持续投入 3 万多元，扶持他修建标准化养殖暖棚和草棚，并为他提供养殖技术。他还购入铡草机，将 17 亩地全部种上苜蓿、燕麦等饲草。2016 年，他养的羊终于卖上了好价钱。2019 年，他扩大养殖规模至 300 多只羊，赚了 10 万元。养羊改变了他的生活。2020 年 8 月，他第一次坐上了飞机，送女儿去新疆上大学。之后，他还去了西安旅游。"种草省力，解决了羊的口粮，羊又给了我们吃穿花用的全部。"孙志学说。

西沟村几乎家家都养羊。村党支部书记刘小兵介绍，2019 年底全村农民人均纯收入 9 363 元，其中来自草羊产业的收入占人均纯收入的 81.8%，在全县排名第一。村民们过上了"轻松种草、快乐养羊"的幸福生活。

（七）服务机构降风险

1. 金融服务

持续加强"政企银"三方合作，动态掌握贷款需求，加大信贷力度，通过投放"金羊供应链贷"、脱贫人口小额信贷等政策性惠农贷款，全力支持羊产业发展，解决产业融资难问题，推动实现规模发展。

2. 防疫服务

制定《乡镇兽医门诊经营管理指导意见》，规范乡镇畜牧兽医站门诊管理，优化机制，提升诊疗服务质量。开展技术服务包片，按每只羊 5 元标准列支防疫经费，每月开展一次技术指导。持续推进"无规定动物疫病区"创建，通过优先收售、项目奖补、挂牌推广等多种形式鼓励养殖场户开展无疫户、无疫小区、无疫村、无疫乡镇创建。

3. 保障服务

县财政每年列支 2 000 万元保险补贴，在全面落实自然灾害保险的基础上，开发肉羊全产业链价格指数保险，实行四方联保（企业 30 元、合作社 10 元、农户 20 元、金羊产业基金 10 元）、一保五年、按季收保、当年兑保，化解市场风险，稳定收入预期。

第三章
完善联农带农机制　千家万户发"羊"财

乡村振兴的重点在产业，乡村产业发展的目的要着眼于实现共同富裕。

党的二十大报告指出，要"实现高质量发展，发展全过程人民民主，丰富人民精神世界，实现全体人民共同富裕，促进人与自然和谐共生"。2023年中央1号文件《中共中央、国务院关于做好2023年全面推进乡村振兴重点工作的意见》聚焦农民生活富裕，强调在推进农业农村现代化过程中，必须关注农民的切身利益，努力提高农民收入水平；并提出了包括加强农业基础设施建设、推进农村一二三产业融合发展、促进农民创业创新、加强农村金融服务等一系列配套措施。这些措施旨在提高农业综合效益、增加农民就业机会、拓宽农民收入来源，从而让农民共享发展成果。该意见还强调了加强农村基层治理能力建设、改善农村人居环境、推进乡村文化传承与发展等方面的工作，为农民创造更加美好的生活条件。2023年中央1号文件的出台，将为农民生活富裕注入新的动力，推动农业农村现代化建设迈上新的台阶。

《中共甘肃省委、甘肃省人民政府关于做好2023年全面推进乡村振兴重点工作的实施意见》中指出，大力发展"牛羊菜果薯药"六大特色富民产业。继续把壮大养殖业作为农业结构调整的主攻方向，突出"牛羊猪鸡奶草"六大重点产业，在优化产业布局、分片区打造产业带方面下功夫，以实现资源的合理配置和产业的协同发展。通过政策扶持、技术指导和市场开拓等措施，推动畜牧产业的快速发展，为农民提供更多的就业机会和增收渠道。着力打造河西走廊、中部沿黄、陇东南3个千万只肉羊产业带，为乡村经济发展注入新活力。此外，还通过开展新型农业经营主体提升行动，支持有条件的小农户成长为种养大户、家庭农场，增强生产经营和服务带动农户能力。鼓励农业企业带动小农户，实现利益联结。落实社会救助政策，倾斜支持中小微企业稳岗，加大资金投入，促农发展、增收。支持农户资产入股经营主体，增加财产净收入。充分考虑农民广大诉求和需要，让农民得实惠、能增收、有发展。

自党的十八大以来，环县全县上下聚焦脱贫攻坚最大任务，215个贫困村全部出列，3.26万户14.05万农村贫困人口如期脱贫，是全省唯一提前一年实现脱贫摘帽的深度贫困县，历史性地撕掉了贫困标签。努力做好易地搬迁和危房改造，保障了2.24万户农村群众居有所安，规模占全市1/3，惠及全县1/4的农村人口，被评为全国易地扶贫搬迁成效明显县，危房改造受到国务院通报表扬。环县县委、县政府为了进一步激发市场主体活力，推动全县羊产业稳定健康发展，实现企业增产、合作社增效、农民增收，发挥特色羊产业资源优势，以市场为主题，推动羊产业优化升级。通过政策引领、企业带动、社会联动的产业发展模式持续走好"引育繁推一体化、种养加销一条龙"的发展路子，加快打造"中国羊谷，善美环州"的特色品牌，以产业振兴带动农户生活富裕，推动乡村振兴战略的实施。

一、产业发展铸就振兴新篇

产业发展是实现乡村振兴的主要抓手，其中特色富民产业在其中扮演着十分重要的角色，要推动乡村振兴，就必须重视和加强县域经济的牵引和推动，在富民产业上切实发力，做大做强富民产业，把产业链的主体和收益留在乡村，提升乡村自身的造血能力，同时，提升产业服务功能，优化提升产业结构，增强辐射和带动能力。

（一）品牌打造塑形象

环县羊羔肉作为国家地理标志保护产品，在市场中获得了极高的认可和荣誉，如全国十佳羊肉品牌第一名、全国绿色农业十佳畜牧地标品牌等，都是对其品质和市场影响力的肯定。此外，环县羊羔肉的品牌价值及对其品牌强度的评估，进一步证明了其在消费者心中的地位和市场竞争力。环县在打造"环县羊羔肉"品牌的过程中，县政府通过主导和系统布局，结合社会参与和多方联动，全力打造"环县羊羔肉"产业品牌，构建起连接外界的桥梁，推动羊产业的高质量发展，形成了"区域公用品牌＋企业品牌＋产品品牌"三品联动的品牌矩阵，提升了品牌的综合实力和市场竞争力。通过品牌全国巡展、奥运冠军进校园推介、与京东生鲜合作、品牌冠名等宣传活动，提高了品牌的全国知名度。通过注册"环乡人"品牌，利用电商平台，如拼多多、京东、淘宝等进行销售，探索"互联网＋"模式，拓宽了销售渠道，使产品迅速走红全国市场。以环州故城——中国羊肉养生城为载体，打造生态观光、户外拓展等旅游业态，将"环县羊羔肉"品牌与农文旅发展深度融合。通过文创发布、演绎、旅游、社交等多维度，把浓厚的历史文化、羊文化融入品牌建设全过程，制作具有深度、厚度、温度的融媒体宣传作品。成功挑战吉尼斯世界纪录，以

256.39 米长的羊肉串成为"最长的羊肉串"世界纪录保持者，提升了品牌的国际知名度。构建了从种草、养殖繁育、屠宰加工到电商销售的标准化闭环产业链，确保了产品质量和品牌信誉。通过这些策略，环县羊羔肉不仅在国内市场获得了极高的认可，还在国际市场上提升了知名度，成为环县羊产业走向世界的重要窗口。

环县县委、县政府通过打造"环县羊羔肉"品牌，不仅推动了当地特色草羊产业的发展，也为当地经济和农业产业的可持续发展做出了贡献。同时，环县品牌建设思路也为其他地区的特色农产品提供了可借鉴的经验，即通过品牌化、标准化和市场化的路径，提升产品的价值和市场竞争力。环县羊羔肉通过打造具有地域特色的农产品品牌，不仅能够提升产品的附加值，而且能够推动地方经济的发展和农业产业的升级。同时，这也有助于提升中国农产品在国际市场上的竞争力和影响力。

（二）宣传推广助发展

环县县委、县政府通过一系列精心策划和实施的品牌宣传和推广活动，显著提升了"环县羊羔肉"的品牌知名度和市场影响力。通过举办国家级羊业高质量发展论坛，一方面展示了环县在羊产业领域的专业知识和经验，另一方面为行业内外的专家和从业者提供了交流和学习的平台，从而增强了环县羊产业的权威性和领导地位。通过在国家级展会上的多次展出，"环县羊羔肉"的品牌得到了更广泛的认知，建立了品牌形象，增加了消费者对产品的兴趣和信任。通过全国巡展，环县羊羔肉直接面向全国消费者，增加了与消费者的互动机会，提高了品牌的市场渗透率。利用奥运冠军的公众形象和影响力，通过进校园活动，增加了品牌的亲和力和在年轻消费者中的知名度。通过高铁这一现代化交通工具的广泛覆盖，提升了品牌的可见度和认知度。通过"甘味"羊肉品牌示范基地的创建，环县羊羔肉的品质和生产优势得到了进一步的展示和认可，增强了品牌的市场竞争力。成功出口到阿联酋等国家，不仅为环县带来了经济收益，也提升了品牌的国际影响力，为品牌全球化奠定了基础。同时，作为国际赛事——第 31 届世界大学生夏季运动会的专供产品，环县羊羔肉的品质得到了国际级活动的认可，这极大地提升了品牌的国际声誉。获得"全国羊肉课代表"称号，充分肯定了环县羊羔肉品质和市场地位，有助于在消费者心中树立起品牌的正面形象。国家现代农业全产业链高质量发展标准化示范基地的认定，标志着环县羊羔肉的生产和管理达到了国家级标准，增强了消费者对产品安全性和品质的信心。这些措施的实施，不仅提升了环县羊羔肉的品牌知名度，也为环县羊产业的发展和农民增收提供了有力支撑，展示了环县在品牌建设和市场推广方面的战略眼光和执行力。

（三）政策扶持强后盾

为了全面推动草羊产业的长期且稳健发展，环县一直将草羊产业视为县域经济的核心与支柱。在面临国内外畜禽市场波动、饲草料成本攀升等多重挑战时，环县并未退缩，而是积极应对，深入研究并出台了《关于完善联农带农机制靠实政企社村户责任促进羊产业提质增效的实施意见》。该意见旨在通过政府、企业、社会、村庄和农户的协同努力，全面优化羊产业，提升质量，提高效率，进而为农民增收、致富铺设坚实的道路。

在政策的有力推动下，环县取得了显著成效。全县范围内，成功实现了断奶羔羊的订单式收购，数量高达 23.23 万只；同时，新建和扩建了羊棚 496 座，以及标准化的草棚 987 座，显著提升了养殖规模和条件。此外，为了进一步提升养殖效率和质量，环县还投放了秸秆打捆机 16 台、青贮揉丝打捆包膜机械 10 台（套），并对全混合日粮搅拌机提供了超过 400 台的补贴，这些举措为产业的持续、健康发展提供了强有力的保障。

（四）融合共建聚合力

环县充分发挥当地丰富的资源优势，依据庆阳市委、市政府提出的"三元双向"循环农业发展新战略，勇于创新，积极探索和发展新的农业发展模式。近年，环县紧紧围绕现代丝路寒旱农业发展思路，精准定位，充分利用旱作农业区的资源优势，逐步扩大瓜菜产业、推广优化苹果产业、稳步提升中草药产业、合力促进食用菌产业，充分利用本地资源，深化与企业的合作，创新农业发展模式，持续推动发展循环农业、推进农业现代化建设。提高农户收入，为当地经济发展注入新活力。同时，环县将继续坚持区域品牌引领，积极推进农业现代化，不断提升农产品质量，拓宽销售渠道，助力农民增收。环县农民专业合作社发挥了示范带动作用，推动了环县农业产业不断发展壮大，为实现乡村振兴战略作出了巨大贡献。在各级政府和广大农民的共同努力下，环县的农业产业将迎来更加美好的明天。

（五）农民增收共富裕

近年，环县县委、县政府紧紧围绕草羊产业，矢志不渝地迈向富民强县之路。为推动草羊产业发展，县政府持续完善相关政策，建立健全的产业体系，从基础改造、品种改良、屠宰带动、营销加力等多方面着手，不断提振企业信心，巩固产业链条，助力农民增收。面对市场价格波动，环县县委、县政府果断采取措施，适时调整优化交售奖补政策，极大地激发了企业、合作社、村庄及农户的养羊积极性。以构建现代羊产业"三大体系"为抓手，引进培育龙头企业 7 家，建办合作社 368 个，培育养羊专业乡 8 个、专业村 26 个，羊只饲养量达到 300 万只。草羊业产值突破 50 亿元，带动农村居民人均可支配收入年均增长 9.1%，增速全市第一。如今，全县现有 10.3 万户，其中农业人口 6.9 万户，养羊户 4.8 万户，占农业人口的比重为 69.56%，超过半数。全县羊只饲养量已达到 369 万只，养羊农户人均羊产业收入突破 8 000 元，为农民增收提供了坚实保障。2021 年环县农村居民人均可支配收入 11 136 元，同比增长 10.99%，其中 6 000 元以上都来自羊产业，占到了一半以上。收入的显著增加，充分说明羊产业能够给群众带来实实在在的收益，能够让当地群众过上好日子、富日子，是名副其实的增收支柱、返贫防线。

当前，环县羊产业正处于延链强链、品牌升级的关键时期，环县将进一步丰富畜牧品牌塑造和肉羊产业发展的理论内涵，进一步破除环县羊产业发展和品牌建设的难题瓶颈，进一步提高"中国羊谷·善美环州"的知名度和影响力，继续坚定不移优化政策机制、深化产学研合作、延伸产业链条、打造特色品牌，全力以赴向"中国羊业十强县"目标迈进。在发展草羊产业的同时，环县县委、县政府还推动多元产业同步发展，形成了相互促进、共同成长的良好态势。加强农业产业链的延伸，推动农业与二、三产业的深度融合。通过发展循环农业，提高农业资源利用效率，实现农业绿色可持续发展。同时，积极培养新型农业经营主体，提高农民素质，助力乡村振兴。未来，环县将继续加大草羊产业扶持力度，优化产业结构，提升产业链水平，奋力实现乡村振兴战略目标，为全面建设社会主义现代化国家贡献力量，为实现农业强、农村美、农民富的目标而努力奋斗。

二、政策保障兜住发展底线

产业发展是一项系统性、长期性的规划建设，涉及范围广，时间跨度长。这就需要在政策保障方面加强顶层设计，促进各项政策协同高效、形成合力。加强财政、金融、土地、人才等政策的系统性、整体性、协同性，提高政策体系的综合效能。

(一) 健全机制强保障

环县坚定以市场为导向，通过养殖业推动农业产业优化升级。秉持"引育繁推一体化、种养加销一条龙"的发展策略，聚焦巩固和拓展脱贫攻坚成果，稳步提升农民收入，全面推进乡村振兴。突出草羊产业的主导地位，坚持问题导向，通过制定奖补政策，明确政企社村户各方的责任，完善联农带农机制。着力解决羊只收售环节政策宣传不足、渠道不畅、流程不规范、社户联结不紧密、资金周转困难、监管服务不到位、羊源外流等瓶颈问题。推动羊产业全产业链延伸提质、全价值链巩固提升、全循环链畅通提效，构建更高水平的"中国羊谷·善美环州"。环县通过不断优化现代羊产业体系，使全县羊只饲养量保持在 350 万只以上，出栏 200 万只以上。其中，标准化优质育肥 100 万只以上。努力确保中盛公司屠宰量逐年增长，并于 2025 年突破 100 万只，销售羊肉及其延伸产品 2 万吨以上，总产值突破 15 亿元。计划于 2025 年养殖户羊产业人均收入突破 10 000 元以上，建成国家农业现代化示范区和国家级羊产业园。

（二）政策奖补稳市场

疫病和市场价格波动是影响养殖业发展的重要因素，也是影响养殖户积极性的关键因素。由于部分农户抗风险能力弱，在疫病和市场价格的影响下，没有办法持续发展养殖业。环县县委、县政府为降低疫病和市场价格波动对养殖业的影响，以及对产业链和供应链的影响，分环节、分主体、分类别采取奖补的政策，稳定市场价格。一方面，环县县委、县政府制定相关政策，对于湖羊以及"三级二元"杂交公羔、"二元"杂交母羔等各种羊羔进行分类别进行交售奖补，对于低于市场价格的羊羔给予农户一定补助，保障农户养殖收益，确保产业链健康、供应链稳定。另一方面，对于养殖户、合作社、行政村分主体、分环节进行奖补。对于养殖户，出售自产羔羊至育肥合作社，寒羊可获得 20 元奖励，湖羊奖励 40 元，优质杂交羔羊（包括南湖、陶湖、澳湖、白头萨福克、白头杜泊）奖励 50 元。若养殖户自行育肥并向食品厂出售屠宰产品，每只羔羊可再获 70 元奖励，激发了养殖户的积极性。对于育肥合作社，以保护价收购或自产羔羊，经育肥后出售给食品厂屠宰，每只羔羊可获得 70 元奖励，超出任务部分每只额外奖励 30 元。对于黑山羊核心保种合作社，以不低于 26 元/斤的标准收购养殖户的 30～50 斤黑山羊羔羊，每只奖励 300 元。保证产业链和供应链的健康稳定发展。对于行政村，组织本村自产羊只以保护价收购并出售，向食品厂交付 5 000 只以上羊只，村两委班子成员可获得每只 10 元的奖励，且免费领取价值 20 万元以内的饲草收贮加工机械 1 台。助力养殖业发展形成规模化、体系化。

（三）增强补助降成本

环县县委、县政府积极鼓励农户发展养殖业，对于新培育的养殖专业户可享受暖棚、草棚、种畜、饲草机械四项补助。其中，修建羊畜暖棚可享受 1.2 万～1.8 万元的优惠补助；修建草棚符合政策规定的 50 米^2、200 米^3 以上标准，可享受 7 000 元的优惠补助；购买草饲机械以及保温箱可享受最高 4 000

元的补助；以及购买母羊、羔羊都可以享受优惠价格。通过一系列优惠政策，化解农户关于前期养殖投入大的顾虑，激发了企、社、村、户养殖积极性，有效实现了企业增产、合作社增效、农民增收。为进一步激发市场主体活力，推动全县羊产业稳定健康发展，缓解市场波动带来的养殖风险，继续保持原定收购政策。通过合作社以及大学生养羊产业协会对新培育的养殖专业户进行实地线下培训，手把手教会农户如何好养羊、养好羊，并且实行先培训再调羊的培训机制，将养殖风险努力降到最低。

（四）建强链条助发展

政府通过实施种植补贴政策、收贮补贴政策以及建设末端网点加工，缓解当前饲草料价格上涨，导致养羊成本剧增的压力，鼓励农户积极发展养殖行业。种植燕麦、甜高粱、谷草等饲草的，免费提供优质籽种，农户购买籽种，每亩补助 30 元。此外，遵循"商品草交售者补给，自用草收贮者补给"的原则，每吨青贮饲草补助 50 元。针对发展种草养羊的行政村，设立青贮揉丝包裹点，并免费投放青贮揉丝打捆包膜一体机及相关物资，以提供必要的生产支持。同时，免费提供全日粮饲草料加工机械设备及物资，以保障充足的饲料供应。为提升养羊专业村的整体效益，建设全混合日粮加工配送中心，实现饲料的统一加工和配送，进一步推动养羊产业的发展。全方位降低农户养羊成本，激发农户的积极性和主动性。

（五）保险兜底降风险

养殖户在养羊过程中面临的主要风险源于疫情疾病以及羊肉价格的较大波动。鉴于此，需将农业保险服务进一步扎根基层，并确保养殖保险补贴政策的全面落实。其中，肉羊保险的保费设定为每只 28 元，农户仅需承担 2.8 元的保费，即可获得高达 700 元的保额保障；湖羊保险的保费为每只 50 元，农户支付 10 元后，便可享受 1 000 元的保额。通过大力推进农业保险补贴政策，不仅能有效保障养殖产业的可持续发展，还能显著降低农户的养殖风险和心理负担，从而进一步激发广大农户参与羊产业发展的积极性，共同推动产业的繁荣与发展。

三、金融帮扶建强产业发展

全面推进乡村振兴，金融服务必须无缝衔接。这是我国金融业在新时代面临的重要任务。环县支行积极响应国家政策，通过加大县域重点项目信贷供给、构建普惠金融产品体系、聚焦主业服务乡村振兴、拓展农村领域金融服务等方式，将更多金融"活水"滴灌到环县"三农"普惠发展的各个领域和环节。这不仅为全县推进乡村振兴提供了坚实的金融支撑，同时也巩固了脱贫攻坚成果。

（一）强化重点保发展

环县当地养羊户常念叨"家有万贯，带毛的不算"，因病、灾等不可控因素，养殖风险剧增，农户养殖意愿并不强烈。养殖户与银行在"养"与"贷"之间陷入两难境地。为解决这一问题，一方面推动县财政设立 3 000 万元专项担保基金，为养羊户申请贷款提供担保增信，已累计撬动发放羊产业贷款 3 亿元，形成了"银行信贷＋政策性担保"双轮驱动的羊产业发展模式；另一方面，充分发挥政策性农业保险的风险保障作用，协同多部门力量，推动建立健全政府、保险、养殖户"三位一体"的农业保险长效机制。通过财政补贴保险资金、保险公司承保理赔、鼓励养殖户积极投保等方式，构建完善的风险保障体系，为肉羊产业发展保驾护航。自 2022 年以来，全县已承保肉羊 103 万只，实现签单保费 5 849 万元，累计支付赔款 5 478 万元，赔付率达到了 100%。

（二）降低成本稳发展

近年，养殖行业面临着人工、饲料成本上涨以及贷款利息等多方面的压力，导致养羊的利润空间不断缩小。在这一背景下，如何将肉羊产业转型升级为民生支柱产业，让环县 19 个乡镇 251 个村的村民们都能共享肉羊产业链带来的经济收益，成为一项重要课题。针对这一问题，人民银行庆阳市中心支行立足于降低综合融资成本，指导金融机构将贷款市场报价利率内嵌到内部定价和传导各环节，充分发挥贷款市场报价利率改革的效能。通过持续优化贷款市场报价利率，银行机构能够更加精准地把握市场动态，降低实体经济的融资成本，助力肉羊产业发展。与此同时，人民银行庆阳市中心支行还充分发挥支农支小再贷款的牵引带动作用，引导地方法人银行探索"再贷款＋银行信贷＋合作社或养殖户"等"再贷款＋"模式，加大对肉羊养殖业的低成本资金支持。在这一过程中，地方法人银行充分发挥自身优势，为养殖户和合作社提供便捷、低成本的信贷服务，推动肉羊产业链的发展。

（三）健全信贷助发展

中国农业银行环县支行紧密围绕环县政、企、研、社、村、户、服"七位一体"的产业联合体发展，关注信贷对能源、交通、民生、经济等重点领域的支持。通过主动对接、清单管理、强化信贷投放，推动小微企业与大市场的有效对接，助力走上富裕之路。自 2023 年以来，全行累计发放贷款 89 700 万元，其中项目贷款 17 800 万元，普惠法人贷款 12 700 万元，有力地支持了华电、铁路、肉羊产业等重大项目、重点企业和重要客户的高质量发展。在政策红利的推动下，环县草羊产业链的相关参与者将获得更多的实惠，为环县 19 个乡镇 251 个村的村民们带来持续稳定的经济收益，共同分享产业发展的成果。

（四）聚焦主产促振兴

中国人民银行庆阳市中心支行加强与当地发展改革委、农业农村等部门的协作，支持金融机构结合环县肉羊产业融资需求的特点，创新金融产品和服务模式，加大金融支持力度。例如，辖内银行机构创新开发"金羊供应链贷"产品，全力支持当地湖羊产业发展。截至 2023 年 5 月末，全县已投放"金羊供应链贷"3.7 亿元，惠及各类湖羊养殖主体 1.16 万户。同时，为推进县域广大农户羊产业发展，中国农业银行环县支行推出多种特色信贷产品，如"肉羊贷""富民贷""智慧畜牧贷"等。实施"整村准入＋信息建档＋线上办贷"三轮驱动模式，加大与乡（镇）政府、村"两委"的衔接配合，有序开展农户信息建档。加强对杂粮、草业、养殖等领域的金融支持，开展金融助力春耕备耕、秋收秋种、"冬储行动"等专项惠农助农活动，提升金融服务温度，提高金融服务能力，全面提升普惠金融服务质效。另外，农行环县支行加强与甘肃金控庆阳融资担保有限公司、庆阳市创业扶持融资担保有限公司及环县中小企业融资担保有限公司的业务合作，充分利用国家重点帮扶县的差异化优惠利率优惠政策。截至 2023 年底，累计发放贷款 13 笔，总额达 6 200 万元。通过主动承担或减免企业抵押物评估登记等收费项目，有效降低民营企业融资成本，解决"融资贵"问题。

中国农业银行环县支行加大县域重点项目的信贷供给，为乡村振兴提供了有力的金融支持。在项目审批、贷款投放等方面开辟绿色通道，简化流程，提高效率，确保重点项目资金需求得到及时满足。这对于推动环县经济发展，提升乡村基础设施水平具有重要意义。另外，中国农业银行环县支行聚焦主产业，全力服务乡村振兴。紧紧围绕农业、农村、农民三个主体，发挥金融优势，为乡村振兴提供全方位、多层次的金融服务。这有助于推动农业现代化，提高农村产业融合发展水平。中国农业银行环县支行积极拓展农村领域金融服务，助力农村产业结构调整。通过支持农村产业融合发展，推动农村经济转型升级，为乡村振兴注入新的动力。中国农业银行环县支行通过多种方式将金融"活水"引向农村，为乡村振兴和脱贫攻坚提供了有力保障。在新时代背景下，金融业应继续发挥支持乡村振兴的重要作用，为全面建设社会主义现代化国家、实现中华民族伟大复兴的中国梦贡献力量。

四、企业致富提高经济效益

在推动农民实现增收致富的征途中，龙头企业起到了重要的引领和带动作用。这些企业凭借其深厚的市场影响力和卓越的技术实力，不仅积极引导农民投身于高效的生产活动中，还确保农产品的供给能够精准对接市场需求，进而实现农民增产增收的良好态势。不仅如此，龙头企业还不断深化农产品的加工与组合优化，向农民提供先进的技术支持与高效的加工设备，从而进一步提升了农产品的附加值，为农民开辟了更多元的收入来源。在追求效益的同时，这些企业也注重优化生产要素的配置，有效降低生产成本，提高了农业生产的经济效益，为农民带来了实实在在的福祉。

（一）优化品牌促销售

环县羊产业的发展取得了显著成果，得益于通过实施龙头引进、品种改良、链条延伸、品牌打造等策略。这些策略不仅提升了产业发展的质效，提高了产品价值，还成功打造了金字招牌，使环县羊产业在市场竞争中脱颖而出。环县将羊产业品牌建设视为引领高质量发展的关键工程，因此，当地政府积极采取措施，如构建区域公共品牌、完善顶层设计、加强宣传推广等，以推进品牌培育工作。这些举措使得环县羊产业在近年荣获了全国羊肉"课代表"称号，并被列为第一批国家现代农业全产业链高质量发展标准化示范基地。这一成就的背后，是环县完善的羊肉供应链体系和"公司＋合作社＋基地＋农户"的新型经营模式。在这种模式下，甘肃古耕农夫生态农业科技有限公司连续七年领跑电商平台羊肉类畅销榜。该公司依托旗下合作社带动农户养殖，发挥多个品牌知名度和带动力，助力养殖户销售羊肉产品，引导群众发展羊产业。通过合作社带动养殖户发展壮大，以电商渠道推动羊肉产品销售，带动农户增收致富。这一系列举措，使得肉羊品牌建设为环县羊产业拓展了广阔市场，提高了品牌溢价能力。

环县羊产业的成功经验可以为其他地区提供借鉴，即通过实施龙头引进、品种改良、链条延伸、品牌打造等策略，提升产业发展质效，提高产品价值，打造金字招牌。同时，当地政府积极采取措施，如构建区域公共品牌、完善顶层设计、加强宣传推广等，推进品牌培育工作。这些举措有助于拓展市场渠道，提高品牌溢价能力，实现产业高质量发展，为乡村振兴提供有力支撑。在我国乡村振兴战略背景下，环县羊产业的成功经验具有较高的参考价值。

（二）打造平台为民生

近年，电商的兴起不仅带动了环县羊产业的发展，还促使整个羊产业链的升级。传统的交易模式面临着地域限制、中间环节费用高等问题，而电商平台打破了传统的销售模式，提供全国范围内的市场渠道，实现了农产品的全国流通。环县致力于发展电子商务产业，成功培育出"环县电商模式"。在连续多年的投入超过千万元的基础上，该县建设了电子商务创业孵化基地，为电商从业者和有意从事电商创业的高校毕业生提供了电商专业直播人才培训。此外，环县还编制了特色产业品牌战略规划，实施了电商助农脱贫行动，取得了显著的产业发展成果。该县先后被评为"2018 中国特色产业互联网品牌示范县""2020 中国产业互联网区域公用品牌优势县"、中国农业区域品牌影响力指数前 100 强等荣誉称号。环乡人电商产业有限公司作为环县电商产业的领军企业，近年旗下羊肉产品依托电商产业发展优势，迅速走红全国市场。环县充分利用线上销售平台，培育了"陇上刘叔叔"电商网店、甘肃金紫花农牧有限公司等羊肉产品电商销售企业 18 家，授权线上线下销售网店 6 家。通过拼多多、快手、抖音等网络直播平台带货，线上销售羊肉及羊副产品 1.2 万吨，实现销售额 3.36 亿元。环县羊肉畅销全国 25 个省、自治区、直辖市，出口阿联酋等国家。

（三）保障收益促民富

在保障农民收益方面，龙头企业与农民建立紧密的合作关系，通过保护价收购、利润返还等机制，确保农民获得稳定的收益。此外，龙头企业还为农民提供全方位的服务，包括技术指导、信息服务、销售渠道等，帮助农民解决实际生产中的问题。龙头企业的发展不仅促进了农民就业，扩大了农业生产规模，还通过规模化经营和专业化生产，提高了农业生产效率。同时，龙头企业与科研机构、高校等合作，培养农业人才，推广先进的农业技术和设备，提升了农民的科技素质和生产技能。

五、群众致富共筑富裕梦想

实现群众发家致富，是实现农民精神生活共同富裕的重要基础，是农民最关心的现实问题，也是乡村振兴的中心任务。实现群众持续增收，最艰巨繁重的任务在农村，重点是实现群众致富，难点是收入发展可持续。因此，要多措并举，助力群众致富，保障群众增收渠道、拓宽群众增收路径、强化群众增收基础、确保群众增收效果。

（一）产业发展保增收

养殖业是环县人民增收的重要渠道，经过企业、培训学校强化培训合格的大学生会被安排到中盛等养羊龙头企业以及"331＋"养羊示范合作社从事养殖及经营管理工作，他们的月工资可以达到 4 000 元以上。这不仅增加了他们的收入，还为全县肉羊产业发展注入了新鲜血液。环县中盛羊业发展有限公司作为环县羊产业发展的龙头企业之一，通过扩大产能、改造升级，已成为一家现代化农牧食品企业。目前，该公司已为当地提供稳定就业岗位 300 多个，其中包括大学生 60 多名。同时，环县强化就业优先政策，持续实施"招、补、训、转"策略，落实企业吸纳就业、金融支持、社保补贴等政策，支持市场主体稳定经营，巩固现有就业岗位。同时，加大线上线下招聘活动，为重点企业提供用工服务保障，搭建用人单位与劳动者的桥梁。截至 2022 年底，全县累计输转富余劳动力近 7 万人，扶持自主创业近 300 人，带动吸纳就业近 700 人，帮助就业困难人员就业 400 多人。环县还建成了全国最大的县级数字就业基地，带动了 810 人就业，其工作成效得到了甘肃省和庆阳市的充分肯定。在城镇就业方面，新增了 3 062 人，其中残疾人就业 316 人。此外，其以工代赈的工作经验在全省范围内得到了交流。在外出务工方面，输转劳务人数达到 6.8 万人，创收 19 亿元。环县山城乡的山联谷农产品加工厂已吸纳周边 24 名工人就业，使他们在照顾家庭的同时，每日可获得约 150 元的收入。据悉，2022 年环县共认定 12 家见习单位，开发 224 个适合青年见习的岗位；全县转型升级乡村就业工厂 19 个，带动 486 人就业。

（二）政策保障促就业

就业是民生之本，是国家经济社会发展的重要支柱。环县深刻认识到这一点，紧紧围绕"就业助力群众增收"的核心目标，通过多种方式推动就业，脱贫工作向纵深发展，助力群众稳定就业、增收致富。环县在推进就业工作中，充分发挥了劳动技能培训、开发就业岗位、劳动力转移等手段的作用。据了解，环县在扩大县外就业、拓宽县内就业、稳定公益性岗位和帮扶车间就业等方面取得了显著成效。在 2023 年的工作中，环县成功输转劳动力 6.79 万人，创收 17.48 亿元，同比增长 4.05%。此外，全县新认定乡村就业帮扶车间 2 家，全县乡村就业工厂达到 19 家，吸纳就业 488 人。如今，环县草羊产业发展势头强劲，多次受到《人民日报》等多家主流媒体的关注和报道，社会认可度不断提高。这不仅吸引了大量外地大学生来环县就业，还为当地草羊产业发展提供了有力的人才保障。环县在拓展就业能力和拓宽就业渠道方面出台了一系列政策，旨在实现高质量和稳定就业。在因地制宜依托产业增加大学生就业岗位的同时，环县人社部门主动作为，努力拓宽大学生就业渠道。这一系列的做法充分体现了环县在推进就业脱贫、助力群众增收方面的决心和成果，为其他地区提供了有益的借鉴。未来，环县将继续深化就业改革，创新举措，为实现全面小康、助力乡村振兴贡献力量。

（三）搭建平台助创业

环县通过实施扶持政策组合拳，成功吸引了大量大学生投身养殖业，推动了传统羊产业的转型升级。2013年，环县发布了"招贤令"，旨在吸引大学生返乡投身养殖业。这一举措标志着环县开始积极探索新的发展路径，以期推动当地经济转型升级。紧接着在2019年，环县启动了大学生养羊"三年千人计划"，进一步加大对大学生养殖业的扶持力度。为了更好地推动养殖业的发展，环县还在2019年成立了甘肃省首个县级大学生养羊产业协会。这是一个集政策研究、技术培训、市场开拓于一体的综合性平台，旨在为大学生养殖户提供全方位的支持。至今，已有1 126名大学毕业生接受培训，返乡投身养殖业发展。环县还致力于支持大学毕业生回乡灵活就业，依托电商产业发展，建成了2家省级就业创业孵化示范基地，提供一站式服务，实行保姆式孵化，引导高校毕业生入驻创业。在这些举措的推动下，环县每年有1 500名毕业生，整体就业率稳定保持在90%以上。环县致力于推进就业优先战略，加大劳务输出和转移力度，持续改善投资创业就业环境，提升公共就业创业服务能力。秉持"以创业带动就业、以发展促进就业、以政策保底就业"的工作方向，围绕全年目标任务，实施多元化措施，助力民众稳定就业。在未来的发展中，环县将继续深化政策创新，优化产业结构，努力实现经济持续健康发展，为乡村振兴注入强大动力。

（四）提升治理稳成效

环县在严格落实和细化惠民政策的同时，不断努力扩大公共服务的供给，以此提升社会治理的效能。其脱贫成效得到了持续的巩固。在社会治理方面，环县持续深化，将带动脱贫人口持续增收作为重点。利用东西部协作机制，推动帮扶车间转型升级，规范并引导帮扶车间的健康发展，深入挖掘其带动就业的潜力。截至目前，共支持帮扶车间10个，吸纳就业人员161人，其中脱贫及监测人口100人次。这些举措都充分体现了环县在脱贫攻坚和民生改善方面的决心和努力。环县还通过以工代赈的方式，在农业农村基础设施领域实施项目26个，带动务工群众10 808人，发放劳务报酬13 305万元，人均增收12 310元。为进一步提升群众就业技能，环县县委、县政府紧密结合草羊产业发展需求，于2018年成立了环县大学生养羊协会，并制订大学生养羊千人培训计划。近年，累计培训养羊大学生1 090人，培训后全部从事饲养管理等相关工作，收入稳定，实现了稳定就业。

第四章

人才领军促"羊"业 科技赋能造羊谷

实施乡村振兴战略,产业振兴是重点,人才振兴是关键。目前,我国在农业农村人才建设方面取得了显著成就,各类人才队伍的规模在不断扩大,人才结构在不断优化,人才素质也在不断提升,这为保障我国粮食安全、推动产业发展和促进乡村振兴提供了稳定的人才支持。在国家和地方政策的扶持下,羊产业链的发展得到了大幅度的提升。农村产业发展对人才的要求将会显著提高。

近年,国家、省、市、县各级政府高度重视农业科技人才的培养与引进。2024 年中央 1 号文件《中共中央、国务院关于学习运用"千村示范、万村整治"工程经验有力有效推进乡村全面振兴的意见》中指出,实施乡村振兴人才支持计划,加大乡村本土人才培养,有序引导城市各类专业技术人才下乡服务,全面提高农民综合素质。2021 年,农业农村部在《"十四五"农业农村人才队伍建设发展规划》中明确指出,到 2025 年,要打造出一支"主体人才+支撑人才+管理服务人才"三位一体的农业农村队伍,推动农业高质高效、乡村宜居宜业、农民富裕富足,为乡村振兴战略的实施奠定坚实的基础。

甘肃省委人才工作领导小组 2023 年第二次会议中强调,要牢固树立人才引领发展理念,完善人才发展机制,创新引才政策体系,以强烈担当、务实举措、过硬作风推动各项任务落实,不断提升人才工作质量和水平,为甘肃省现代化建设提供有力人才支撑。庆阳市为加快乡村人才振兴,持续实施乡村振兴人才培育"百千万"计划和高素质农民培育计划,培训高素质农民1 万人、合作理事长 1 000 人、乡村振兴管理人才 100 人和农村实用人才 13万人(次)。大力推广职业技术教育,落实"一县一校一中心"发展机制。不断完善专业技术人才定期服务乡村激励机制,引导城市专业技术人员入乡兼职兼薪和离岗创业。近年环县县委、县政府通过农业科技人才支撑带动产业发展,并且针对地方特色产业的实际突出问题和地方引才的特点,建立了相对完善的人才服务体系,有效破解了当前行业发展的人才和技术瓶颈,助力羊产业发展。

一、外源内生赋能人才振兴

近年，环县大力推动羊产业全产业链优化升级，着重围绕全产业链在人才方面的欠缺补齐短板。着力实施大学生养羊"三年千人计划"，鼓励知农爱农大学生返乡创业"当羊倌、发羊财、兴羊业"。以此来缓解大学生就业压力，以就业促产业，以产业带就业，实现就业缓解和产业发展的双向促进和良性循环。根据 2021 年 6 月发布的环县第七次全国人口普查公报，环县拥有常住人口 304 687 人，与第六次全国人口普查时的 302 918 人，增加 1 769 人，其中城镇人口为 110 333 人，占比为 36.21%，比第六次全国人口普查时上升 17.56%；乡村人口为 194 354 人，占比为 63.79%。在现有常住人口中，受过大专以上教育的人数为 27 422 人，占常住人口的 9%。环县羊产业科技人才主要由县畜牧兽医局的农业技术人才、企业技术人才、科研团队以及大学生养羊协会中的返乡创业大学生构成。

为了吸引更多知农爱农的大学生返乡创业，成为产业的"领路人"，环县出台《环县肉羊产业管理人才培育"千人计划"意见的通知》，并于 2018 年正式实施，主要针对返乡后仍未就业且愿意投入羊产业发展的大学生，按照每个大学生 1 万元标准安排培训费，由人社、农业农村、畜牧兽医、乡村振兴、财政等部门联合中盛羊业发展有限公司、甘肃庆环肉羊制种有限公司、庆阳市中盛职业培训学校、庆环益牧职业技能培训学校对有意愿从事经营管理和技术服务工作的环县籍大学生集中开展为期一个月的全面基础培训、一个月的实习强化培训和一个月的跟踪辅导，培训合格后安排到中盛等养羊龙头企业、"331+"养羊示范合作社从事养殖及经营管理工作，月工资 4 000 元以上，不但缓解了就业困难、人才匮乏等问题，而且为羊产业的发展输送了高新人才和新鲜血液。

据 2023 年统计数据，参与千人计划培训的大学生已经达到了 1 126 人。这些大学生"羊倌"中，95 人在合作社、养殖场当起了老板，22 人成为龙头企业中盛农牧集团的"蓝领"；管理百只以上湖羊养殖场 222 个、千只湖羊示范合作社 108 个，带动近 2 万户村民致富奔小康。农牧专业大学生功底扎实、责任心强，饲料配比、机械操作技术娴熟，一些女大学生甚至学会了开三轮车。知识化团队的加入显著提升了养殖效益，通过科学饲喂、精细管理，千只湖羊合作社基础母羊平均单胎产羔 2.23 只，羔羊成活率提高了 12 个百分点，达到了 97%，起到了良好的示范效应。在县委、县政府的大力号召和领导下，环县 4.8 万户农户参与种草养羊，其中养羊收入超过 3 万元的达到 3.1 万户、超过 5 万元的突破 1.2 万户，农民人均来自草羊产业收入达到 8 000 元。

【案例 4 - 1】

民顺牧业有限公司副总经理秦泽民，2013 年毕业于甘肃农业大学动物科学专业，2018 年他决定离职，回到环县创业经营羊场，并且承包了三个养羊专业合作社。如今他已经是 19 个养羊专业合作社的负责人，成为全县闻名的大学生"羊倌"。秦泽民说："我们有天然的优势，700 多万亩的天然草原，100 多万亩的人工草地，环县脱贫还是要靠产业。环县羊产业刚起步，需要人去做。"作为动物科学专业毕业的大学生，秦泽民充分将个人专业所学、将科学技术融入合作社的养殖、经营之中。在访谈过程中，他讲道："每次把农户的羊人工配种之后，两个月会做一次 B 超，没有配种成功的羊会让它继续再配，但是老百姓就不会运用这个技术。"于是，秦泽民便将农户集中到羊场或者合作社中，通过实地观摩的形式，对比发现经过配种的羊和农户的羊之间的区别，让他们自己去发现差距，他们就能更加容易地接受新事物。目前，他已经拥有 19 个合作社，入股的农户有 876 户，带动周边的群众人口数在 1 万人以上。他还探索出了一套羊粪循环利用的模式，农户将合作社大批量的羊粪买走，用于饲草料的肥料，然后农户再将多余的饲草料交到合作社内。这既能保证农户拿到应有的分红，又能将多余的资源充分利用，形成了良好的生态循环模式。

大学生"羊倌"作为环县羊产业发展的重要一部分，分布在羊产业全产业链的各个环节之中。其中，有一部分大学生作为村产业指导员，深入最基层之中，努力做好一线服务并指导农户发展好羊产业。扎根基层的村产业指导员，根据自身专业所长，又分为动物防疫员、技术指导员、信息联络员以及保险代办员。其中，动物防疫员为所在辖区的村、组做好畜禽免疫工作，定期做好三联四防等疫苗的注射工作；技术指导员为辖区内养殖场、合作社以及养殖户提供饲养管理、饲草料加工以及羊只交售等全方位一体化的养殖技术服务；信息联络员重点做好标准化湖羊自养户培育情况等信息的收集统计整理；保险代办员负责本村养殖场、农户保险登记衔接和购买工作，全方位助力羊产业发展。刚刚步入社会的大学生"羊倌"们将自己的青春挥洒在了环县这片故土之上，坚定贯彻"众口一词念'羊'经，一心一意兴'羊'业"，为不断做大做靓"中国羊谷·善美环州"这个区域名片贡献自己的青春力量。

【案例 4 - 2】

吴鹏 2013 年毕业于广东海洋大学。他放弃了留在广州发展的机会，决定返乡创业。起初，他利用自家的 30 亩林地散养土鸡，当年就收入了 5 万多元。但是，想到带领全村人民增收致富，仅仅靠养鸡无法实现。凭着对政策的深刻把握和对产业发展的深入调研以及环县养羊悠久的传统，2018 年 9 月，吴鹏创办了环县兴旺养殖专业合作社，开始调引湖羊，并流转土地 315 亩进行配方种草，采用"户托社养"的方式带动 24 户贫困户养殖湖羊。养羊对于吴鹏并不陌生，毕竟养羊已经是祖祖辈辈的传统，但是科学化、精细化养殖，他还是首次尝试。刚引进来的湖羊，由于生存环境的变化产生了严重的水土不服的反应，出现了食欲缺乏、精神萎靡等症状，吴鹏凭借以前仅有的经验却一点都派不上用场。他便多方寻求新技术，通过饲草料的科学调配，羊终于恢复了正常。进取心较强的他认识到了自身的不足，从知识储备、养殖技术等方面进行系统的学习，虚心地向父辈们、当地的畜牧兽医请教传统养羊过程中遇到的突发状况和疾病预防。他还流转了村里 300 多亩闲置土地，种植紫花苜蓿、大燕麦草、青贮玉米等；并且按照高于市场价格、工资水平来收购、雇佣村里建档立卡户的饲草及劳动力，以此增加村民收入。

截至目前，环县已累计培养 1 000 多名大学生"羊倌"走上了科学化养羊的增收致富路，他们充分发挥技术优势，积极帮带周边"331＋"合作社及散养大户优化养殖结构，示范带动养殖户增收，推动环县肉羊产业规模化、产业化、科学化发展。

二、产业协会凝聚发展力量

大学生在产业振兴中扮演着至关重要的角色。他们不仅是人才保障的重要来源，更是推动产业创新发展的中坚力量。大学生通过发挥自身创新思维和创造力，为产业振兴注入新的活力，引领产业向更高层次发展。同时，大学生作为消费的主力军，对于产业发展具有重要的市场需求导向作用。他们对于品质、技术和服务的需求，将有力地促进产业的转型升级和提质增效。此外，大学生在参与产业振兴的过程中，能够实现自我价值和社会价值的统一，增强社会责任感和使命感。因此，政府和社会应该更加重视大学生的作用，积极引导和鼓励他们参与产业振兴，为全面建设社会主义现代化国家贡献力量。

近年，环县始终坚持以培养高素质知农爱农人才作为推动羊产业发展的重要着力点，积极落实大学生养羊"三年千人计划"。为吸引更多优秀大学生投身环县羊产业全产业链之中，服务于草羊产业发展，县委、县政府精心制定并实施了一系列支持大学生回乡创业的扶持政策。于 2019 年正式成立了环县大学生养羊产业协会，扎根基层当"羊倌"，带领群众发"羊"财，协助全县兴"羊"业，确保他们在环县羊业发展中充分发挥自身优势，为环县羊业的可持续发展注入新的活力。环县大学生羊产业协会成立之初，共吸引了 400 多名返乡大学生加入，并且凭借协会成员不断优化经营模式、摸索生产经验，环县大学生养羊产业协会充分发挥团队的力量，派驻了 100 多名大学生前往全县 20 个乡镇，驻扎在乡村，为养殖户提供指导和服务。提供的技术和防控风险方案等一整套服务保障，打消了农户们在养殖前的顾虑和困惑。短短四年时间，环县大学生养羊产业协会已经获得"全国脱贫攻坚先进集体""甘肃青年五四奖章集体"两项殊荣。协会会长姬永锋也被评为"全国乡村振兴青年先锋"的荣誉称号。

【案例 4-3】

姬永锋是土生土长的环县演武乡走马硷村人，他大学就读于西北农林科技大学畜牧兽医专业，毕业后在陕西杨凌从事畜牧养殖工作。2013 年，姬永锋怀揣着对家乡的牵挂、对畜牧工作的热爱以及从小受到家庭养羊氛围的影响，毅然决然地辞掉了稳定的工作，回到环县畜牧兽医局成为一名技术服务中心的普通工作人员。姬永锋最初的工作，便是向农户普及防疫知识和科学养殖方法。当时，牧民们都觉得自己的羊群很健康，没有打防疫针的必要。不少养殖户都是"老把式"，还没等他开口讲解，"老把式"就说话了："我养了半辈子的羊，还要你个娃娃教？"但是受到疫情疾病影响，许多养殖户家中损失惨重，慢慢发现姬永锋传授的方法是有效的。打完防疫针后，羊得病的概率减少了，科学的养殖技术也让羊的饲养周期变短，农户们慢慢也就接受了科学养殖技术。

2016 年，环县引进养殖龙头企业，成立了环县中盛羊业发展有限公司，公司招聘工作人员。姬永锋放弃了稳定的工作，选择到公司应聘岗位，决心要将自己的专业所学全面施展在一线工作上。2019 年，姬永锋将有志投身农业的大学生们聚在一块，帮助他们回乡就业、创业。由姬永锋牵头成立了环县大学生养羊产业协会，协会成立至今已经培训了 1 000 多名返乡大学生。经过培训后，这批大学生在各个养殖场、村级防疫站、农民专业合作社里担任重要职务。现在，环县每个村里，都有他们派去驻村的大学生，只要农户家需要，他们随时进行科学指导。

如今，大学生养羊产业协会现在有480多名大学生，都是24～35岁的大学毕业生。在环县县委、县政府的政策扶持下，参加"三年千人计划"走上工作岗位的大学生，加上工资和补贴，每月可以领到四五千元。姬永锋讲道："接下来，我们协会将认真践行习近平总书记提出的'青春由磨砺而出彩，人生因奋斗而升华'要求，积极投身脱贫攻坚与乡村振兴，在有效衔接的火热实践中，带动当地乡村振兴，跑出青春加速度，不负时代、不负韶华。"

环县大学生养羊产业协会始终坚守服务农户、服务羊产业全产业链的宗旨，有效推动了农业产业的规模化、集约化和标准化进程，为环县肉羊产业的健康快速发展注入了新的活力，使其步入快速发展车道。协会内的486名会员以饱满的工作热情，积极投身于环县肉羊产业的各个环节。他们不仅为环县中盛羊业发展有限公司提供了有力的技术支持，使其成为该领域的技术骨干力量，多数会员还晋升为场长、区长和技术人员，其中管理着2个基础繁育场和5个5 000只育肥场。同时，他们还致力于千只湖羊示范合作社的管理工作，管理了204个示范合作社，带动了6 211户贫困户脱贫致富。此外，他们还积极参与"331十"合作社的管理工作，负责222个百只以上湖羊养殖场，使这些养殖场逐步迈入科学养殖和高效养殖的轨道，经济效益、社会效益和扶贫效益均得到显著提升。全面贯彻政、研、企、社、村、户、服"七位一体"的经营体系，不断完善联农带农服务机制，他们以实际行动增强"四个意识"、坚定"四个自信"、做到"两个维护"，努力成为新时代产业发展中的一支生力军，以人才振兴带动产业振兴，以产业振兴助力乡村振兴，不断推动农业农村现代化。

环县大学生养羊产业协会认真贯彻落实中央有关精神的要求，着力培养一支"懂农业、爱农村、爱农民"的队伍。依托县委、县政府实施的大学生养羊"三年千人计划"，吸引了一批知农、爱农新型人才投入念"羊"经、发"羊"财、兴"羊"业之中。缓解就业压力的同时，带动羊产业全产业链的发展，实现产业链和人才链的有机结合。如今环县大学生养羊协会不仅为全县羊产业发展储备了青年技术骨干团队，并且为省外输送了大量优秀畜牧人才。先后为陕西省榆林市、宁夏回族自治区灵武市输出优秀大学生技术骨干45名，组织成立了"陕西—甘肃大学生养羊产业联合会"。

环县大学生养羊协会不仅在羊产业全产业链中贡献专业知识，更是在促进乡风文明、推动移风易俗方面贡献青春力量。协会广大成员认真贯彻环县出台的《关于推动移风易俗树立文明乡风实施意见》《环县治理高价彩礼推动移风易俗实施方案》等文件精神，发挥带头示范作用，引导群众转变思想观念，摒弃陈规陋习。在县委、县政府的大力支持和甘肃中盛农牧集团的精心组织下，15对青年大学生带头示范，引领婚事简办新风，在环县举行了集体婚礼，激励引导全社会讲文明、尚节俭、树新风。

环县大学生养羊产业协会坚持进村入户，全心全意保障村级羊产业的发展。在动物防疫工作中，动物防疫员负责在辖区内的村、组实施畜禽免疫计划，确保畜禽健康。同时，技术指导员为辖区内的养殖场（户）和"331＋"养殖合作社提供全方位的技术服务，包含棚圈建设、饲养管理、疫病防治、饲料配方、饲料加工以及羊只交售等环节，旨在提高养殖效益并确保养殖业健康发展；信息联络员则是重点做好本村畜禽存栏数量、出栏数量、牧草种贮加工、合作社运行与配股分红、标准化湖羊自养户培育情况等相关信息的收集统计整理；村级协检员负责本村畜禽产地检疫申报受理、协助官方兽医委托的调引监管、落地监管，确保区域内畜禽健康、合法、有序移动；保险代办员负责本村养殖场、养殖户保险登记衔接工作，协助养殖场、养殖户做好畜禽保险购买工作。全方位的服务保障使得环县肉羊产业实现了绿色循环高质量发展。

【案例 4－4】

环县曲子镇西沟村村民胡晓鹏一家，是村里鼎鼎有名的养羊大户。环县对于养殖户给予丰厚的政策福利，如修建每个草棚政府补贴7 000元，修建水窖补贴3 000元，修建空架棚政府更是补贴40 000元，这为养殖户节省了大量的前期投入成本。在养殖过程中，有合作社、大学生养羊产业协会提供详细耐心指导，将养殖户实地邀请到羊场内，进行线下实地讲解的方式，为农户提供免费培训。胡晓鹏讲道："羊每天都要喝20～25℃的水，才不容易生病，并且多重的羊，吃多少饲草料都是有比例的。动物防疫员都会定期、按时上门免费为刚出生的小羊羔打疫苗，根本不需要我们自己操心。"

环县大学生养羊产业协会紧紧围绕加强党的建设，助力产业发展，协会成员充分发挥大学生"羊倌"的学历高、理解力强、知识面广的特点，在产业合作社的建办过程中，推动成立产业合作社党支部23个，设立党小组119个，集聚4 000名农民党员活跃在产业链上，打造了一支"留得住、带不走"的产业人才队伍。

在环县羊产业发展过程中，大学生养羊协会发挥了举足轻重的作用。他们不仅在组织发动、政策宣传和协调服务等方面展现出专业优势，还积极开展农村实用技术人才和高素质农民的培训工作，共计培训 1.9 万人次。这些培训不仅让群众看到了新时代大学生在羊产业领域的优秀表现，还为他们提供了科学养殖的方法和技巧。通过一系列形式多样的活动实现"党建＋产业"的双提升，有力地推动了环县羊产业全产业链的大跨步。为乡村振兴战略的实施提供了坚实的人才保障。

三、龙头企业激活发展引擎

党的二十大报告中指出，要巩固和完善农村基本经营制度，发展新型农业经营主体。建立农业产业化龙头企业引领、广大小农户参与的农业产业化联合体。要健全联农带农机制，促进小农户和现代农业发展有机衔接，把产业增值收益和就业岗位更多地留在农村、留给农民。根据国务院第三次全国农业普查显示，小农户占全国农业经营户总数的 98％以上，小农户从业人员和小农户经营耕地面积占比分别达到 90％和 70％以上，由此看出，小农户依然是我国农业的生产主体。农业龙头企业作为新型农业经营主体，是农业产业化经营的"火车头"，社会责任突出。根据《中国农村经济管理统计年报（2018）》监测数据，2018 年我国农业产业化龙头企业带动农户数量总计为 20 362.3 万户，其中，农业产业化龙头企业所带动的农户数占全国农户数的 74.5％。因此，在县域地区引入农业龙头企业，探索合适的衔接路径，可加速小农户与现代农业发展相衔接。

在产业发展的进程中，龙头企业发挥着至关重要的引领作用，是推动产业创新、集聚、品牌建设以及国际竞争力提升的中坚力量。首先，龙头企业通过发挥自身优势，有效带动了产业链的协同发展。在产业体系中，龙头企业与上下游企业构建了稳固的合作关系，共同促进全产业链的顺畅运转。还通过优化资源配置、提升生产效率等手段，助力整个产业体系的发展壮大。其次，龙头企业积极引领产业创新的新趋势。通过积极加大科技研发投入，与众多科研单位合作，加速科技成果的转化应用。龙头企业对于促进产业集聚具有显著作用。它们凭借自身的规模优势和品牌影响力，吸引众多配套企业和相关机构汇聚，形成产业集聚效应。这不仅降低了企业之间的交易成本，还提升了整个产业的竞争水平。最后，龙头企业在品牌建设方面发挥了表率作用。通过强化品牌战略、提升产品质量和服务水平，龙头企业成功塑造了良好的品牌形象，提升了整个产业的品牌知名度和美誉度。这不仅增强了消费者对产品的信任度，还为企业开拓更广阔的市场空间创造了有利条件。

近年，环县紧盯羊产业全产业链的发展，按照"一县一业、一县一园"的发展思路，环县积极响应国家科技创新战略，立足本县实际，深入推进农科教、产学研有机衔接，以现代农业技术、互联网技术以及现代管理方式为支撑，全面优化羊产业生产经营模式，着力突破"卡脖子"技术问题。一方面，环县紧紧围绕"引进人才＋科技创新"这一核心，大力推广农业科技研发，通过企业、科研院所以及高校共同参与的形式，形成产学研一体化的创新模式。另一方面，以龙头企业做链主、供良种、拓市场。坚持把引培龙头企业作为推进产业振兴的基础性工作，先后引进中盛、伟赫、庆环3家龙头企业，培育羊羔肉集团、牧康牧业、民顺牧业、陇塬山羊牧业等7家本土企业。开展羊肉熟食品及羊血、羊皮、羊毛（绒）等精深加工，开发"全羊产品"。在政策扶持、资金投入、技术创新、产业升级等多方面的共同努力下，让环县农业科技园区成为名副其实的"中国羊谷"。

（一）甘肃中盛农牧业集团有限公司

甘肃中盛农牧业集团有限公司，作为环县引进的三大领军企业之一，其在国家农牧产业中占据显著地位，不仅荣列国家农牧产业的领军企业行列，更是经农业农村部特别授权的肉羊育种屠宰加工企业，同时还是国家指定的肉羊品种检测基地。在陕、甘、宁、青、新五省份，中盛集团在肉羊屠宰加工方面可谓首屈一指。集团目前拥有湖羊、滩羊合作社175个，12万吨反刍饲料厂和60万只肉羊育肥场各1个，更有100万只的屠宰加工厂2个。这也是目前国内养殖量最大、屠宰羊源自供能力最强、直接带动农户数量最多的肉羊加工生产民营企业。经企业负责人介绍，2023年共屠宰湖羊约60万只，共有员工300多人，平均工资6 000～7 000元，技术熟练的工人工资可以达到10 000元。

中盛集团通过采用半机械化、半自动化的屠宰加工流水线作业。这种方式不仅大大提高了工作效率，而且降低了劳动强度，使得肉类加工企业能够更好地满足市场需求。在过去，一名经验丰富的屠夫一天最多只能屠宰十几只肉羊，而采用半机械化、半自动化的屠宰加工流水线后，38名熟练工一天可以屠宰约1 600只肉羊。这个数字是传统屠宰效率的3～4倍，意味着在相同时间内，现代屠宰方式能够完成更多的工作量（图4-1）。

在这个过程中，屠夫们按照肉羊的不同部位进行分类，如上脑、颈肉、腱子肉等，然后对每个部分进行打包处理。这种分类打包的方式有助于后续的加工和销售，因为不同的肉类部位在口感、营养价值和价格方面存在差异，可以满足不同消费者的需求。现代屠宰工艺不仅提高了生产效率，还注重肉品质量和卫生安全。在流水线作业过程中，工人会对每个环节进行严格监控，确保肉品符合国家食品安全标准。同时，企业还会对废弃物进行合理

图 4-1 中盛集团分割车间

处理，通过"草业—养羊—羊肉深加工—羊粪加工有机肥—羊粪无害化处理进果园草地"的循环发展模式，既保障农户的收入，又减少环境污染。正如中盛集团的商标设计——"环环相生、有有与共"，将每只羊做细、做透、做精，发挥最大经济效益（图 4-2）。

图 4-2 羊肉分割过程

【案例 4 - 5】

2020 年米鑫毕业于山东大学项目管理专业，作为"985"名校毕业的他怎么也想不到有一天会回到环县从事屠宰行业。2020 年，受新冠疫情影响，米鑫只能在环县县城的商场里找了一份招商运营经理的工作，然而商场经营惨淡，在新冠防疫措施解除的 2022 年 12 月底，商场也倒了。然后他又去了环县当地的一所中学担任物理教师，但是他个人明显感觉到教师这个职业不适合自己。也正是这时，"羊"给了米鑫新的就业机会。环县人社局的工作人员联系到米鑫，推荐他到中盛集团工作，除了有人才补贴外，他还可以享受"带职留薪"的人才政策，即保留在中学的教职，并且教育局仍会每月支付一定底薪。

回想起刚刚步入分割车间时，面对羊肉"上头"的气味以及工作环境中血腥的场面，难免会给一个毕业不久的大学生造成一定的心理压力。但是，他并没有放弃，而是凭借坚定的信心，以及不断地学习与实践，不但克服了困难而且掌握了羊肉分割的技巧。他学习速度很快，在三个月的实地操作后，他已成为分割车间的副主任，管理着 77 名分割加工生产线工人。米鑫坦言，尽管自己来自"双一流"高校，但传统行业的学问无法从书本中直接获取，这也是这份工作的趣味所在。看一遍示意图好像就懂了，但实际操作却是另一回事。只有多操作不断掌握经验，才能不断提高工作质量和效率。

（二）甘肃庆环肉羊制种有限公司

甘肃庆环肉羊制种有限公司成立于 2018 年，是一家以科技创新为核心，秉持合作共赢理念的现代化肉羊制种企业。公司于环县山城乡和木钵镇设立了两大基地，引入了机器人饲喂、自动称重分群、羊群管理等先进技术，实现了规模化舍饲肉羊的科学饲喂和精细化管理。公司还自主研发了全国领先的"四个一"，即"一只配一万，一天配一千，一扫三二一，一变三十六"的生产技术，得到了农业农村部、甘肃省农业农村厅的认可，被授予"畜禽养殖标准化示范场"和"甘肃省良种肉羊繁育基地"的荣誉称号。公司现有员工 95 人，存栏量 1.5 万只，努力搭建"一平台、三基地"的产业发展模式（图 4 - 3）。

1. 一平台

合作建队，搭建产学研新平台。公司紧紧围绕"国际队""国家队""地方队"，三队同场献技、联合攻关，学习引进国际、国内先进制种技术，共同推动肉羊优秀基因大范围推广、优秀个体加速度复制，实现"双多双快"效应。国际队聘请了澳大利亚胚胎移植协会主席戴维德·奥斯本博士和国际家畜研究

图 4-3　甘肃庆环肉羊制种有限公司羊舍

所韩建林教授等国际专家，打造了基因编辑、分子育种、冷冻胚胎生产等实验室，开展国际先进技术的引进和转化，利用全世界肉羊的优质基因，创造一个叫得响的中国肉羊新品种。国家队由中国农业科学院牵头，整合国内顶尖的 9 个研究所 14 支团队，联合实施"肉羊绿色发展技术集成模式研究与示范"项目，推行科研成果转化。地方队以庆阳市农业科学研究院、环县畜牧技术推广中心技术骨干为主组建，作为高新技术推广和良种基因培育的基层执行力量。

2. 三基地

肉羊制种和良种基因输出基地。公司引进了南丘羊、陶赛特羊、白萨福克羊等优质肉用种羊，应用直线育肥和精准营养等高效生产技术，培育出第一批肉质性能好、生长速度快的杂交育肥羔羊良种，每年向全县输送肉羊良种 1 万只以上，并且公司与中国农业科学院兰州畜牧与兽药研究所、庆阳市农业科学研究院等单位正式启动"中环肉羊"品种选育工作，培育"中环肉羊"核心群 7 000 只。

技术人才队伍培育基地。公司坚持"高新技术重点突破"和"实用技术全面普及"相结合，邀请国内外专家组建技术团队，为环县及周边养殖户传授先进技术，推动本地产业与国际技术全面接轨。共培训高精尖技术人才 74 人，培训养殖技术人才 1 000 人以上。

科技带动增收示范基地。公司通过产业帮扶、示范引领、技术指导等方式，积极发挥龙头企业带头引领作用，大力推广"五级二元"杂交生产、全混合日粮精准饲喂等技术，带动养殖经济效益增收 1 000 多万元。同时，大力开发就业岗位，吸纳 50 名当地群众到企业就业，人均务工年收入 4 万元以上。公司在推动肉羊产业发展、带动农民增收致富以及助力乡村振兴方面发挥了积极的作用。公司将继续秉持科技创新、合作共赢的发展理念，为环县打造"中国羊谷"贡献力量。

（三）"陇上刘叔叔"

2020 年《政府工作报告》中指出，"支持电商、快递进农村，拓展农村消费"。目标是大力发展农村电子商务，促进形成农产品进城和工业品下乡畅通、线上线下融合、涉农商品和服务消费双升级的农产品流通体系和现代农村市场体系，培育一批各具特色、经验可复制推广的示范县。有了政策的大力支持，环县抓住重大机遇，决定大力发展电商，让农货出山，财富进山。

环县的"陇上刘叔叔"是一个源于甘肃古耕农夫生态农业科技有限公司的电商产品品牌，其主打产品为环县羊羔肉。在多年的发展历程中，公司依托于环县羊产业的完整供应链体系和"公司＋合作社＋基地＋农户"的经营模式，致力于为客户提供高品质、放心的农特产品和服务体验。为了确保产品的质量，公司在环县毛井镇、车道镇、小南沟乡等多个乡镇建立了养殖基地，并设立了合作社。这些合作社由农户进行绿色养殖，再借助环县工业园区的屠宰加工车间，进行全流程、规范化的屠宰分割加工，使得每个产品都能追溯到其源头，保障了质量。

在销售方面，公司紧跟时代潮流，利用抖音、快手、拼多多等平台进行直播带货，大力拓展线上销售渠道。同时，公司还入驻了包括地方到国家各层面的扶贫商城，旨在助力脱贫攻坚。截至 2023 年，"陇上刘叔叔"品牌拼多多旗舰店销售额达到 6 511.4 万元，京东自营旗舰店销售额为 1 278.3 万元，天猫旗舰店销售额为 444.9 万元，京东 Pop 店销售额为 210.6 万元，抖音快手平台销售额为 368.9 万元，美团淘特平台销售额为 592.6 万元，视频号店铺销售额为 91.9 万元，其他平台销售额超过 500 万元，整体销售额超过了 1 亿元。

【案例 4－6】

"陇上刘叔叔"的创办者刘国宁，起初他与父亲刘仲明还是用传统的方式做起了电商。刘国宁在青岛，通过短信的方式将客户信息发送给父亲，而父亲刘仲明再将羊绑在后座，拉到 20 多千米外的屠宰场，等屠宰完毕后再乘坐两三个小时的大巴车才可以到达快递配送点。那时候，通过网店，刘国宁能帮父亲卖出羊，但不多，而且不是每天都能有订单。于是，刘国宁转战拼多多，于2016年正式"入拼"。在当时政府帮扶下，农特产品门槛低、不抽佣，对贫困地区还有流量扶持。2016年，刘国宁就卖出了100多万元的羊肉。依托着环县这块金字招牌，在首批客户中，有一位来自天津的退休干部，他年轻时曾在环县任职。他在拼多多平台上发现，刘国宁所销售的羊肉源自他熟知的毛井镇，因此下单购买。品尝之后，他积极在多个微信群中推广，持续发动亲朋好友参与"拼单"。他说："环县人民具备坚韧不拔的精神，然而沉默的大自然却不断消磨他们为追求更优质生活所付出的艰辛努力。因此，购买他们的羊肉，是对他们最好的支持。"受他的感染，从此刘国宁便回到家乡专注羊肉电商。他不仅销售自家养殖的羊羔，还通过合作社与近百位养殖户签订订单养殖协议，以政府设定的保护价进行收购包销。截至2022年12月26日，"陇上刘叔叔"品牌羊肉网络销售额突破亿元大关，刷新了当地电商网销纪录。

这些成果充分展示了甘肃古耕农夫生态农业科技有限公司的创新精神和责任担当，也为我国农业产业的发展提供了有力的支撑。在未来的发展中，公司还将积极探索新的销售模式，拓宽市场渠道，为环县羊产业的繁荣作出更大的贡献。环县致力于多途径积极扶持大学毕业生返乡灵活就业，借助电商产业的发展，已建成两家省级就业创业孵化示范基地，提供一站式服务，实施全方位孵化，引领高校毕业生入驻创业，成效显著。环县每年约有1 500名毕业生，整体就业率稳定在90％以上。在依据地方特色依托产业拓展大学生就业岗位的同时，环县人社部门主动出击，致力于拓宽大学生就业途径。

四、政策保障提供坚实支撑

2023年以来，尽管环县面临肉羊市场萧条及饲草价格持续上涨的巨大压力，但全县上下依然坚定不移地遵循草羊产业富民的发展道路。环县严格执行"念羊经、发羊财、兴羊业"的指导方针和原则，不断优化和完善相关扶持政策，致力于产业体系的建设。通过实施一系列基础改造、品种改良、屠宰带动以及营销加力等举措，环县成功提振了产业发展信心，巩固了产业链条，提升了农民收入，使草羊主导产业在困境中实现了"基本盘"的有力升级。县委、县政府为了保障草羊产业的可持续健康发展，特地出台了一系列人才优待政策，以人才振兴助推产业振兴。

（一）人才引进注活力

环县加大对高层次畜牧兽医专业人才的引进力度，积极引进高层次专业技能人才，针对签约服务合同 10 年以上的"985""211"高校毕业的硕士及以上学历的人才，县财政将给予一次性生活补助 15 万元，并提供一套 100～120 米² 的住宿用房。同时，对于同等条件下引进的本科生和非"985""211"院校毕业的硕士及以上学历的畜牧兽医专业人才，也将给予一次性生活补助 8 万元，并提供一套 80～90 米² 的住宿用房。同时，对于引进的人才在职称晋升、评优选模等方面也给予优先考虑。通过这一系列举措，环县政府致力于吸引更多的优秀人才加入羊产业发展之中。

（二）兼职创业创动力

根据《人力资源和社会保障部关于支持和鼓励事业单位专业技术人员创新创业的指导意见》（人社部〔2017〕4 号）的相关要求，环县积极支持和鼓励畜牧兽医专业技术人员在保证履行好本岗位职责、完成本职工作的基础上，积极参与兼职创业。根据个人和企业的情况，兼职人员可以与相关企业、合作社进行协商，确定兼职报酬。此外，还可以考虑停薪留职、离岗创业等形式，为畜牧兽医专业技术人员提供更加灵活的创业机会。在离岗创业期间，个人的档案工资正常晋升，工龄连续计算，"五险一金"按在职政策执行。同时，兼职单位的工作业绩或离岗创业取得的成绩可作为其职称评审、岗位竞聘和考核的依据。对于特别优秀的兼职技术人员，用人单位将在职称评定、考核奖励等方面给予优先推荐。

（三）"头雁"计划育新人

龙头企业的发展一直受到广泛关注，它不仅关系到国家经济的发展，也关系到人民群众的福祉。龙头企业发展拥有更坚强的群众基础，是实现经济持续健康发展的关键。为此，环县把培养"关键少数"产业人才放在重要位置，积极实施"头雁"工程，推进"能人强村"战略，以期推动产业升级，提高农民收入。环县高度重视产业发展人才培训。共举办了多期产业发展人才培训班，培训内容包括种植、养殖及电商技术等，培训人次达到上千人次。通过这些培训，提高了农民的产业技能，为他们创新创业提供了有力支持。环县积极选拔培育"能人型"村党组织书记。在全县范围内选拔了近 200 名具备发展潜力的"能人型"村党组织书记，他们将成为推动村庄发展的重要力量。此外，环县还制定出台了《环县扶持多元经营主体创办肉羊专业合作社的意见》，重点扶持五类人员领办创办合作社，包括在职干部和畜牧聘用技术人员、未就业农牧专业大学生、企业员工、村干部和在乡能人。为此，环县给予这些人员相应的优惠政策，以鼓励他们创新创业。通过外出培训、全面扶持、重点培养等方式，引导广大党员干部紧跟"头雁"，争做"头雁"，求新求变，创新创先。这种做法旨在激发党员干部的积极性、主动性和创造性，从而带动产业发展升级。

第五章
组织振兴助发展　政企共谋新征程

党的二十大报告中提出，"全面推进乡村振兴""加快建设农业强国，扎实推进乡村产业、人才、文化、生态、组织振兴"。其中，组织振兴作为乡村振兴战略的关键一环，更是乡村振兴战略得以实现的重要基石与根本保障。必须坚定不移地强化党组织的政治引领功能，全面增强基层党组织的组织力，精心打造一支坚强有力的农村基层党组织队伍，以确保乡村组织振兴成为乡村振兴战略的有力支撑，从而引领乡村全面、协调、可持续发展。

环县，是我国草羊业发展的大县，经过不懈努力，其产业发展规模不断壮大，惠及众多百姓。近年，环县坚定地坚持大抓基层的鲜明导向，全面深化改革，积极推行"党建＋"模式作为发展的内在动力，持续推动农业产业向高质量发展迈进。环县充分发挥本地特色资源优势，以羊产业为核心，进行深度挖掘和发展。在羊产业上做文章、下功夫，推动产业、人才、文旅多维融合，这是环县在乡村振兴道路上的一大亮点。通过这种方式，环县携手人民群众，共同发力，跑出了产业增效的"加速度"。在这个过程中，党建引领乡村振兴的"红色引擎"效应愈发明显。环县以党建为纽带，将党组织的力量深入到基层，推动产业的发展，带动农民致富，为乡村振兴提供了强大的动力。这种模式不仅促进了环县经济的快速发展，也提高了农民的生活水平，为乡村振兴注入了新的活力。

此外，环县在肉羊产业的引领下，积极推行"龙头企业＋合作社＋农户"的产业发展模式。通过这一模式，环县实现了产业发展的全面推进，促进了农业增效和农民增收。在此过程中，环县注重发挥龙头企业的带动作用，通过合作社的组织形式，将分散的农户聚集在一起，形成规模效应。同时，环县还注重提升农业科技水平，加强产业基础设施建设，提高农业综合生产能力。这一系列举措的实施，不仅推动了环县肉羊产业的快速发展，也为全县农业产业的转型升级奠定了坚实基础。

总的来说，环县以党建为引领，积极促进产业融合发展，无疑成为实施乡村振兴战略的一大典范。这一成就充分印证了"农村要发展，农民要致富，关键在于基层党组织的坚强领导"的真理。展望未来，环县将继续坚守这一发展理念，坚持以党建为先导，深入推动乡村振兴，为全面建设社会主义现代化国家这一宏伟目标贡献坚实的力量。

一、党建引领启航发展征程

近年，环县以开放的思维和创新的举措，积极推动机关党组织与兄弟单位、服务对象、社区等多元主体组建"1＋N"模式的党建联盟，通过实施共学、共享、共办、共建、共创、共促的"六共"策略，有效促进党建与业务工作的深度融合，实现了共同进步。

（一）党建联盟聚合力

随着社会发展的不断进步，机关党组织的建设也面临着新的挑战。原有的封闭运行、各自为政、单台唱戏的模式已无法满足党组织发展的需求，部分机关党组织体量小、人员少、缺资源、缺平台、缺抓手等问题日益突出。为此，环县致力于探索全新的党组织建设模式，借助联盟之间的互联互动和共建共享机制，成功突破了传统框架，实现了党组织的创新与发展。环县实施牵头单位领衔抓总制度，由联盟中的牵头单位负责召集成员单位，每半年定期召开联席会议，全面协调联盟内部事务。在牵头单位的统一规划与指导下，成员单位充分发挥各自的人才、阵地等优势资源，轮流组织并开展共上一堂党课、共过主题党日等丰富多彩的机关党建活动。县委直属机关工委8名委员每人包抓1个联盟片区，通过个别指导、调研走访、约谈提醒等多种举措，推动机关党组织建设、党员队伍建设、党员干部队伍建设等党建工作任务落实。通过整合各党组织的资源，实现了工作力量的优化配置，使得原本体量小、人员少的党组织得以借助其他党组织的力量，更好地履行职责。通过共建共享，党组织可以充分利用各种资源，开展形式多样的活动，提高党组织的吸引力。此外，联盟互联互动也有助于党组织把握社会发展趋势，及时回应群众关切，增强党组织的凝聚力和号召力。通过与其他党组织的合作，原本缺乏抓手的党组织可以借鉴其他党组织的成功经验，找到适合自己的工作切入点。这使得党组织在开展工作时更加有的放矢，提高了工作实效。

（二）资源共享提质效

环县在党建工作上不断创新和优化，通过整合16个党建联盟内的丰富资源，构建了一个全面高效的"资源清单"。这个清单包含了活动阵地、优秀人才和经验丰富的党务干部等多个方面，旨在实现基层党组织阵地、人才和经验等优势资源的统筹利用和共享。在党建工作中，环县采取了交叉观摩和实践活动的方式，这些活动不仅提升了基层党组织的活力，也使优秀人才和党务干部的经验得到了传承和发扬。此外，环县还按照"大型活动一起办、党建活动轮流办"的原则，举办"诵经典、谈感悟、弘美德、启智慧"等联建活动，进一步提升党建联盟的影响力。同时，为有效提升广大党员干部，尤其是年轻干部的履职能力，环县各联盟成员单位共同开展了党员理论小轮训、党务实务小观摩、党建知识小竞赛等活动。在"围绕中心抓党建，抓好党建促发展"的工作思路指导下，党建联盟积极探索党建服务中心工作的措施和方法。他们引导机关党支部结合行业特点和支部特色，成功申请创建了"环州卫士""环州砺剑"等20个党建品牌。这些品牌的创建，极大地提升了党建示范引领和辐射带动作用，为环县的发展注入了强大的动力。

(三) 同频共振增活力

环县党建联盟的建立，极大地提升了县直机关各党组织引领和服务经济社会发展的能力。为了更好地满足群众的需求，优化服务网络体系，环县16个党建联盟积极组织召开了50多场次的联席会议。在这些会议中，深入研究并解决了联盟工作中存在的11个问题，广泛收集并反馈了来自各方面的18条意见建议。此外，还组织指导联盟成员单位定期开展主题鲜明、形式多样的共建活动，包括联合党课22场次，以及观摩交流活动32场次。环县实现了党建与业务工作的高度融合。在学习中共同进步，在共享中优化资源配置，在共办中集合力量解决问题，在共建中相互支持，在共创中激发创新活力，在共促中提升整体实力。为了更好地服务群众，党建联盟还建立了38个纠纷调解、政策宣传、法律援助、环境整治等服务队伍，开展了23场政策宣传，成功调解了18件矛盾纠纷。同时，还结对帮扶了192名孤寡、弱残等困难群众，办理了700多件实事，服务了3.5万余人次。这些举措充分发挥了机关党建在基层治理中的作用，推动了机关党建与社区治理的共治共建、互促双赢。通过共同学习、资源共享、协同办公等多元化的方式，提升了整体的工作效能，也增强了党干群凝聚力。

党建联盟的成立，不仅提升了机关党组织的凝聚力和战斗力，还极大地激发了党组织的活力。成员单位之间通过开展丰富多彩的活动，加强了沟通交流，形成了优势互补、资源共享的良好局面。这一积极变化有力地促进了环县党建工作与业务工作的深度融合，为全县经济社会的高质量发展提供了坚实的组织支撑。

二、组织坚强筑牢返贫底线

2023 年以来,环县积极推动巩固拓展脱贫攻坚成果同乡村振兴有效衔接。全县防返贫监测共新识别 593 户,其中通过"一键报贫"农户申报途径识别 186 户,占比为 31.37%。对村级核查和乡镇研判提出申诉的农户,县乡村振兴局在 5 个工作日内组织人员再次进行入户核查,重新研判该户是否有返贫致贫风险,确保真正做到不落一户,不漏一人,应纳尽纳。为了进一步加强防返贫监测帮扶工作,环县在 2023 年前 10 个月里,始终保持每月都有新识别的工作节奏。全县 100% 的乡镇和 80% 以上的行政村都参与了新识别工作,使得帮扶工作更加全面、细致。在落实帮扶措施方面,每户平均落实了 4 项针对性强的帮扶措施,提高了帮扶工作的有效性。此举也使得群众的满意度得到显著提升,为乡村振兴工作的持续推进奠定了坚实基础。

(一)数据比对辨风险

脱贫攻坚旨在帮助贫困农户实现脱贫致富。在扶贫工作中,防止返贫现象的发生是至关重要的。为此,环县对脱贫户的医保、交通、教育、应急等关键数据进行深入统计和比对,以便及时识别农户是否出现返贫风险。在医保方面,对脱贫户的医疗保障情况进行详细分析,关注医疗费用报销比例、大病保险覆盖率等指标。通过这些数据,了解农户的医疗负担是否得到有效减轻,从而判断是否存在因病返贫的风险。在交通方面,关注脱贫户的交通出行条件改善情况。道路畅通、交通工具的普及程度等数据成为评估农户出行便利性的重要依据。良好的交通条件有助于农户发展产业、拓宽就业渠道,降低因出行困难导致的返贫风险。在教育方面,重点关注脱贫户子女的教育保障情况。通过统计教育资助政策覆盖率、义务教育巩固率等指标,了解农户子女接受教育的程度。保障农户子女接受良好教育,有助于提高农户家庭的文化素质和技能水平,降低因教育资源不足导致的返贫风险。在应急方面,关注脱贫户的应急救助体系完善程度。通过比对灾害救助、临时救助等政策的实施情况,评估农户在面对突发事件时的应对能力。建立健全的应急救助体系,有助于缓解农户因自然灾害、意外事故等导致的返贫风险。通过对脱贫户在医保、交通、教育、应急等方面的数据进行统计比对,更加精准地识别农户是否出现返贫现象。在此基础上,有针对性地制定和实施扶贫政策,有助于巩固拓展脱贫攻坚成果,确保农户稳定脱贫不返贫。

(二)"一键报贫"助畅通

自"甘肃一键报贫"系统上线运行以来,环县县委、县政府主要领导对此给予了高度关注,亲自安排部署,强调将农户网上申报作为防止返贫监测的"早发现"突破口。为此环县领导班子组织了专题会议,邀请了省乡村振兴局建档立卡处的专家以及县乡村振兴局的业务骨干,对全县进行线上线下全员培训,确保所有帮扶干部能够熟练使用该系统。县级领导、乡镇部门"一把手"率先垂范,先学一步、先用一步、先推一步,引领全县干部积极推广使用该系统。同时,组织乡村干部、帮扶干部深入农户,逐户发放宣传资料,面对面讲解申报条件、操作流程,确保家家户户都能够熟练运用该系统。为了确保工作顺利推进,环县建立了"日督促,周通报,月汇总"制度,每日督促核查"临期"农户完成受理;每周通报工作进度慢的乡村,确保全力推动;每月汇总工作开展情况,确保工作落到实处。截至目前,环县已申报农户 2 899 户,受理核查 2 881 户,识别纳入 160 户。这一成果得益于县委、县政府的高度重视和各级领导干部的积极推动,以及广大乡村干部、帮扶干部的辛勤付出。

(三)制定表格强实效

巩固拓展脱贫攻坚成果是乡村全面振兴的基础和前提,是脱贫地区农村工作的首要任务。我国虽然打赢脱贫攻坚战,但巩固拓展脱贫攻坚成果的任务依然艰巨。当前,脱贫户收入整体水平仍然不高,脱贫地区防止返贫的任务还很重。巩固拓展脱贫攻坚成果,要聚焦重点人群做好常态化监测帮扶。根据2022 年中央 1 号文件《中共中央、国务院关于做好 2022 年全面推进乡村振兴重点工作的意见》精神,精准确定监测对象,将有返贫致贫风险和突发严重困难的农户纳入监测范围,简化工作流程,缩短认定时间,确保及早发现,应纳尽纳。为此,环县出台《关于规范完善防返贫监测和帮扶程序加强数据管理工作的通知》,制定《环县监测对象识别登记审批表》《环县监测对象风险消除审批表》,将监测识别和风险消除程序性资料整合在一张"审批表"上,逐级审批盖章,极大简化了工作程序。同时,优化设计《环县监测对象"一户一策"帮扶计划》样表,将原帮扶计划样表"家庭生产生活现状"内容移至《环县监测对象识别登记审批表》中,减少因重复填写农户信息导致出错的问题。通过一系列简化程序和资料的举措,基层干部防返贫监测排查纳入、开展帮扶和消除风险积极性明显提高,工作进展明显加快。

(四)建立名册保精确

为加强环县防止返贫工作的实施效果,全面提升行业部门的数据支撑能力,环县制定并实施《环县建立数据联动比对机制防止返贫风险工作方案》和《环县防范因灾返贫应急处理工作方案》。这两项方案旨在构建一套系统全面、高效运作的数据比对机制，以保障防止返贫工作的高质量开展，并明确界定各行业部门的具体职责。医保、卫健、教育、住建、水务、农业农村、畜牧、人社、民政、社救、残联、应急管理、交警等关键行业部门，需依据实际工作需求，实时或定期报送相关信息，涵盖患病住院、就学升学、住房损毁、饮水受限、农业减产、畜禽病死、务工不稳、社会救助、自然灾害、突发事件、交通事故等关键数据。县乡村振兴局负责对收到的各类数据进行及时比对分析，并根据分析结果制定《环县防返贫监测重点对象名册》。这份名册将明确划定重点区域和重点人群，确保风险监测无遗漏、无死角。针对农村低收入人口，包括脱贫人口、农村低保对象、农村特殊困难群体、因病因灾因意外事故等刚性支出较大或收入大幅缩减导致基本生活出现严重困难的人口，以及"三保障"和饮水安全出现问题或巩固不到位农户，督促开展专项排查，通过这种方式，确保风险监测的全面性和准确性。

（五）完善措施助持续

习近平总书记强调，"脱贫攻坚取得胜利后，要全面推进乡村振兴，这是'三农'工作重心的历史性转移。要坚决守住脱贫攻坚成果，做好巩固拓展脱贫攻坚成果同乡村振兴有效衔接，工作不留空当，政策不留空白"。为了确保帮扶政策精准持续，环县组织17个行业部门，深入调查研究，以便根据各行业部门的政策规定，制定出具体的帮扶措施。这些措施涉及防返贫监测对象的4大类14项，经过细化和实化，形成了10类27大项60余小项的具体帮扶和奖补措施菜单。这些措施被整合进了《防止返贫监测对象帮扶政策"明白卡"》中，并及时发放给乡村干部和所有监测对象。乡村干部可以根据监测对象的致贫返贫风险，对照"明白卡"，按照缺什么补什么的原则，制定出有针对性的帮扶措施，从而确保帮扶效果的明显。同时，监测对象也可以根据措施菜单，主动向乡村或相关行业部门申请符合条件的帮扶措施，形成了"双向互动"的机制。这种机制使监测对象能够更加积极主动地参与到防止返贫的工作中来。此外，环县广泛宣传了产业就业奖补政策，积极引导帮扶责任人和监测对象主动落实"开发式帮扶"的方略。这种方式旨在通过发展产业和稳定就业，帮助监测对象消除返贫的风险。通过深入调查研究，细化实化帮扶措施，制定并发放"明白卡"，引导监测对象和帮扶责任人积极参与，广泛宣传奖补政策，形成一套完善的防返贫帮扶体系。这套体系旨在通过发展产业和稳定就业，为消除监测对象的返贫风险提供有力保障。

（六）开展评估稳增长

对于环县返贫问题来说，不仅要解决当前的贫困问题，更是要构建一个长效的机制，利用年度剩余的时间，为农村居民提供全方位的支持和帮助，确保他们的收入能够稳定增长，有效地防止返贫现象的发生。在《农村居民收入测算台账》的指引下，环县政府建立起了一套系统性的方法，以确保对全体农村居民的收入状况进行全面、精准的摸底调查和分析研究。这不仅涉及工资性收入、经营性收入、转移性收入和财产性收入的多元化考量，也细致地考察了各类因素的影响程度，如灾情与经济形势的下行压力等。每一轮的摸底调查都是一次严谨细致的剖析过程，深入到农村居民的日常生活中，逐户了解他们的收入状况，分析收入结构，以及收入变化的趋势。通过这样的方式，能够及时发现那些收入水平较低、收入下降或增长乏力的农村居民，并对其进行有针对性的评估和研判。一旦确定符合纳入防返贫监测对象的条件，将立即采取措施，为他们提供及时的帮扶和支持。这样的行动不仅能有效地帮助他们渡过难关，更是对于农村居民权益的有力保障。同时，建立重点人群的台账，特别关注人均纯收入在 8 000 元以下的群体以及收入不增反降的"两类"重点人群。深入了解他们的困境和需求，通过制定和实施一系列有针对性的措施，努力提高他们的收入水平，助力他们走出贫困的阴影。

三、强基提质助推组织建设

近年，环县以巩固拓展脱贫攻坚成果与乡村振兴的深度融合为核心，积极探索并实施了强村带动弱村、构建联合体党组织、片区联建试点等一系列创新举措。这些努力旨在解决农村发展中"头雁"选拔难、支部建设薄弱、乡村治理困境、产业升级滞后以及村域发展不均衡等突出问题。通过促进资源共享、优势互补和协同发展，环县形成了乡村振兴的强大合力，为农村的全面发展注入了新动能。

（一）曲子镇西沟村——"强村带弱村"助推穷乡变富壤

曲子镇西沟村位于环县南部，土地面积 56.7 千米^2，现有户籍人口 675 户 2 579 人，全村梯田面积 1.58 万亩。2002 年，原来的刘阳洼村、孙家河村、西沟村合并为现在的西沟村。2021 年 7 月，西沟村被授予"全国先进基层党组织"称号。2021 年 10 月，农业农村部认定西沟村为第十一批全国"一村一品"示范村镇。

曲子镇以地缘、人缘、产业等为联结点，选择综合实力、带动能力突出的西沟村党支部，与周边 10 个经济薄弱村党组织进行结对帮带，通过政策扶持、技术指导、资金支持等方式，强化了村与村之间的联系，形成了协同发展、共同进步的良好局面。采取帮党建，带出好班子；帮发展，带出好产业；帮治理，带出好村风"三帮三带"方式，打破各自为战现状，实现村级协作、资源共享、互帮共进，促进产业链、治理链、人才链、服务链和组织链融合推进，变"一枝独秀"为"满园春色"。在这个过程中，党组织发挥了至关重要的作用。一方面，党组织积极推动强村与弱村的合作，促进资源优化配置，使弱村在短时间内实现了快速发展。另一方面，党组织加大了对弱村的帮扶力度，选派优秀党员干部担任弱村"第一书记"，有针对性地解决弱村在发展中遇到的问题。

乡村要振兴，产业必振兴，而产业振兴必须发展乡村特色产业。西沟村坚持走村社一体化、生产标准化、保障立体化的发展新路子，同时推行"党支部＋联合社＋合作社＋社员"的"村社合一"模式，促进产业壮大。经过在组织模式、生产模式、经营模式等方面的积极探索，西沟村成功走出了一条"村社合一、生态循环、全面推进"的高质量发展路子。675 户农户全部加入草产业合作社，312 户养殖户全部加入 7 个养殖专业合作社，所有合作社全部加入环县西沟众鑫农牧业发展专业合作社联合社，构建起了"户户入社、组组建社、九社联合、村社合一"的产业发展组织模式。截至 2022 年底，西沟村全村农民人均可支配收入 20 047 元，其中来自草羊产业收入 16 840 元，占人均可支配收入的 84%，全县排名第一位。西沟村成立全日粮加工专业合作社，与中国农科院"肉羊绿色集成发展项目"团队合作，根据公羊、羔羊、母羊孕前期、怀后期和哺乳期不同养殖需求，开发"本土配方"，生产配送"全日粮"；实行户繁社育、标准管控、统收统销的经营模式，自养户促繁育，合作社促育肥，联合社促统售，实现效益最大化。

在农村产业发展过程中，农户在贷款融资、市场风险应对以及疫病防控等方面面临诸多困难。为了有效解决这些问题，西沟村积极探索和实践，建立了一套系统完备、操作性强的保障体系。在金融方面，西沟村推出了"三零三不"信贷模式，即贷款零担保、零抵押、零距离，不调羊不贷、不建棚不贷、不用配方草不贷。这一模式突破了传统信贷方式的束缚，降低了农户融资门槛，使得贷款变得更加容易获得。这一举措旨在引导农户规范生产，提高产业发展质量。在市场风险方面，西沟村加强了对农户的市场培训和信息服务，提高了农户的市场预测和风险防范能力。通过建立健全的风险评估和预警机制，对市场波动进行及时监测和分析，为农户提供了有针对性的决策依据。在疫病防控方面，西沟村高度重视疫病防控工作，加强对农户的疫病防控教育和技能培训。同时，村里还建立了完善的疫病防控体系，包括疫情监测、应急预案、防疫设施等，确保疫病发生时能够迅速应对，将损失降到最低。在乡村治理方面，西沟村深入推进基层党建工作，加强乡村治理体系建设，提升乡村治理能力。村里通过开展法治宣传教育，增强村民法治意识，促进乡村社会事务公开透明，打造和谐乡村。此外，西沟村还积极开展乡村建设示范工作，发挥典型带动作用，推动全村乃至全镇、全县的乡村振兴。

（二）毛井镇——"五联机制"共筑乡村振兴梦

毛井镇位于环县西北部，行政区域面积 632 千米^2。截至 2018 年末，毛井镇户籍人口 17 062 人。地形主要由山梁河掌地组成，土地面积大，海拔高，降水量少，是典型的半农半牧区，从而形成了"以种植业为基础，以养殖业为牵引"的发展模式。全镇引培羊产业龙头企业 3 家，建办合作社 43 个。

毛井镇按照"地域相邻、产业相近、治理相融、人缘相亲"的原则，打破行政区划，创新组织设置，探索开展构建联合体党组织。为了更好地发挥党组织在产业振兴中的引领作用，提出"五联机制"，即组织联建、跨村联动、产业联动、力量联帮、利益联结。组织联建，即坚持原有村级行政区划、村民自治主体、财务管理体制、目标考核奖惩、村干部职数配置和经济待遇"五个不变"的前提下，探索推行"1 个联合体党组织＋N 个联村党支部＋X 个专业合作社"组织联建模式，选择示范村党支部牵头成立村级联合党组织。跨村联动，即打破一个村和另一个村之间的隔阂、界限，使其资源共享，有事情大家共同商量，共同解决。产业联动，即坚持联合党组织抓规划、联合社拓市场、合作社包服务、种养户促生产的发展思路，跨村创建种养基地，调优产业结构。力量联帮，即整合项目、土地、资金等资源，共聚组织、企业、合作社、养殖户的力量，实现羊产业区域抱团式发展。利益联结，即企业、合作社、老百姓之间建立利益联结机制，助力农户养殖增收。毛井镇构建了"党总支＋联合社＋合作社＋农户"的利益联结新模式，成功构建了上联支部、内联合作社、下联农户的利益联结机制。

近年，毛井镇大力发展草羊产业，全镇羊只饲养量已达到 28 万只，成为县级养羊产业大镇，在发展羊产业的过程中，毛井镇积极探索并实践了一种"党总支抓规划、联合社拓市场、合作社包服务、农户搞生产"的发展思路。这一创新性的发展模式，旨在推动产业链各环节的无缝衔接，实现责任共担、利益共享，从而促进乡村经济的可持续发展。党总支充分发挥"领头羊"的作用，承担起整体规划和战略布局的重任。通过深入调研，了解镇情民意，制定出符合当地实际的发展规划，为全镇的发展指明了方向。联合社作为市场的拓展者，负责打通销售渠道，提升产品的市场竞争力。联合社积极开拓市场，寻求与各大销售平台的合作，为合作社和农户提供更多的销售机会，确保产品能够走出乡村，走向全国。合作社作为服务的提供者，承担起技术指导、物资供应等职责。合作社通过提供优质的服务，帮助农户解决生产过程中的难题，提高农业生产效率，降低农户的生产成本。农户作为生产者，负责具体的农业生产。在党总支、联合社和合作社的支持下，农户可以全身心地投入生产中，发挥出最大的生产潜力，实现产值的提升。

（三）虎洞镇张家湾村——"联合党委"铺就乡村振兴路

张家湾村位于虎洞镇东南部，辖 6 个村民小组，有农业人口 257 户 1 057 人，土地面积 35.9 千米^2，有村干部 4 名、驻村干部 3 名、包村干部 3 名、党员 41 名。张家湾村秉持党建为核心，坚定践行"组织引领、产业致富、人才强化、文化繁荣、生态优化"的发展理念，推动党建工作与乡村振兴有机结合，积极探索党建引领乡村振兴的新模式，塑造出一幅乡村振兴的绚丽图景。

虎洞镇为深入推进"强镇富村"党建融合行动，建强基层战斗堡垒，联合张家湾村、贾驿村、半个城村、常兆台村 4 个村组建成立中共虎洞镇张家湾联合委员会，构建全域统筹、全方位联动、全领域融合的农村大党建格局，实现党建引领、优势互补、抱团发展、合作共赢、助农增收。同时，张家湾村坚持以"四抓两整治"为抓手，全面提高村党支部的政治功能和组织力。"四抓"，即抓组织建设、抓队伍建设、抓工作落实、抓制度执行。"两整治"，即整治软弱涣散党组织、整治党员干部作风。通过这一系列举措，可以聚焦村党支部的弱项短板，从而使其发挥出更大的作用。为了更好地推进这项工作，充分运用"小微"工作法。这种工作法注重从细微处入手，以小见大，从点到面，全方位地推动村党支部的建设。在具体实践中，围绕组织领航、头雁领飞、党员领跑、能人领先、群众齐跟的"四领一跟"模式，全面打造农村标准化党支部。在组织架构上，提倡"村社合一"和"一体发展"的模式。村党支部下设 4 个党小组，党员总数达到 41 名，领办 4 个种植、养殖合作社，以及 1 个乡村振兴工厂。在实施过程中，村党支部统筹协调好驻村帮扶干部、包村干部和村干部"三支队伍"，形成合力。充分发挥这三股力量的优势，让他们各司其职，各展所长，为乡村振兴打下坚实的基础。

近年，虎洞镇张家湾村党支部不断深化"融合党建"理念，坚持"党建领航、集体经济助力、群众齐跟"的产业发展思路，大力推行党支部＋产业、党支部＋合作社的"村社合一"模式和党员＋群众、致富能人＋贫困户的"一体发展"模式，将党建工作与草羊产业发展有机融合，赋予了党建工作新的内涵，使党建工作有了实实在在的抓手，真正达到了党建引领产业转型升级的发展目标，壮大了村级集体经济，增强群众的幸福感、获得感。张家湾村党支部严格按照党支部规范化标准化建设要求，进行了一系列的改革和创新。打造便民服务中心，该中心的建设目标是为了让群众少跑腿、快办事，从而有效打通服务群众的"最后一公里"。该中心的建立，使村民可以在家门口就能办理各类事务，大大节省了他们的时间和精力。村党支部规范设置综治中心，并配套建设公共法律服务室，旨在打造一个良好的法治宣讲平台。通过这个平台，村民可以更好地学习法律法规，提高法治意识，从而维护自身的合法权益。这也体现了党支部在推进乡村法治建设、提升乡村治理水平方面的决心和努力。此外，村党支部充分运用甘肃党建信息化平台，认真落实"三会一课"、主题党日等组织生活制度。通过这些活动，党员们的思想政治觉悟得到了进一步提升，党支部的凝聚力、组织力和战斗力也得到了进一步增强。在矛盾纠纷调解、疫情防控、防汛救灾等突发事件中，党员们更是以身作则，带头参与，充分发挥了党支部的战斗堡垒作用。

（四）洪德镇河连湾村——"片区党委"领航集体共富梦

洪德镇在"党建＋"多元发展模式的探索中取得了显著成效，成功构建了以河连湾村为核心，肖关、许旗、洪德街、赵洼、耿塬畔五村紧密协作的片区党委体系。该片区党委以"建强村级片区大党委，助推乡村旅游大发展"为战略引领，旨在优化乡村旅游资源要素配置，打破行政界线，实现跨村资源共享、业态协同，建立了独具特色的"1635"工作机制。这一机制推动形成了"红色文化＋生态旅游＋设施产业"的深度融合模式，展现了党建在引领乡村旅游产业发展中的核心作用。具体而言，即一个党委统筹全局，六个党组织协同作战，三大资源高效整合，五项措施共同发力。这一模式不仅提升了村级组织的"造血"功能和服务能力，更促进了集体经济的提质增效，为乡村振兴注入了强劲动力，确保了乡村振兴之路行稳致远。

河连湾村位于洪德镇政府南部，G211 国道、银西铁路、甜永高速纵贯南北，是陕甘宁省委、省政府旧址所在地。全村总面积 38.3 千米^2，有耕地面积 1.6 万亩，现辖 7 个村民小组，农业人口 598 户 2 554 人，现有村干部 4 名（村党支部书记、村委会主任"一肩挑"），组干部 7 名，驻村工作队 3 人。近年，河连湾村紧紧抓住实施乡村振兴战略的有利契机，全面提升红色人文素养，精心布局产业发展，不断优化人居环境，逐步构建起健全的乡村治理体系。村两委班子紧紧围绕乡村振兴战略，立足本村实际，坚定信念，真抓实干，带领广大村民努力打造既具有"颜值"，又富有"内涵"的宜居宜业和美乡村（图 5-1）。

河连湾村充分发挥本村优势，加大产业结构调整力度，推动产业链升级，促进农村经济持续健康发展。同时，通过政策扶持、技术指导等手段，鼓励村民发展特色种植、养殖、乡村旅游等产业，拓宽村民增收渠道，助力乡村振兴。创办示范养殖合作社 2 个，发展养羊户 176 户，羊只存栏量 8 813 只，年种植饲草 6 500 亩以上。产业发展是农村经济增长的重要引擎，而基础设施则

图 5-1 河连湾村党群服务中心外景

是推动产业发展的重要支撑。为了更好地推动乡村产业的发展，河连湾村重视并加强了基础设施建设，并取得了一定的成果。2022年，村内新修硬化路2.72千米、漫水桥1座，实施高标准农田项目1 256.6亩，配套砂砾路3.8千米。这些基础设施的建设和改善，为农村产业发展提供了坚实的基础。为确保长远发展，县政府于2022年将2021年通过招商引资和集体融资的方式新建的中药材种植、收购、加工、销售帮扶车间升级认定为乡村就业工厂，能够为本村提供务工岗位100个以上，年营业额达1 300多万元，支付劳动报酬120多万元。同时，多元化拓宽村集体经济收入，2018年以来，争取中管党费、专项扶贫以及其他各级帮扶资金共582万元，通过入股县内龙头企业分红、购置固定资产对外租赁等方式，累计实现集体经济收入64万元，目前年最高收益可达到35万元。同时，洪德镇利用当地独特的生态旅游资源、红色文化资源、设施瓜菜资源，在片区党委的坚强领导下，整合三大资源，实施"组织联建、产业联兴、项目联办、文化联传、治理联动"五项措施，做到基础设施共通、红色文旅共谋、政策资金共争、人脉资源共享和对外推介共宣，倾力打造"红色文化、生态旅游、康养度假、设施瓜菜、农家手工"为主的乡村旅游名片。同时，河连湾村"两委"班子和驻村队员们紧紧抓住人居环境整治这个关键发力点，全力推动乡村环境的改善。他们带领村民们共同努力，着力消除乡村生活中的脏乱差现象，致力于提升全村的环境卫生状况和村民的个人卫生意识，以此带动全村环保意识的提升。通过这些举措，河连湾村在乡村振兴的道路上取得了显著成果。村民们的生活质量得到了提高，乡村环境得到了美化，村容村貌焕然一新。这正是我国乡村振兴战略在各乡村落地生根、开花结果的生动体现。

四、联农带农共谱振兴蓝图

近年，环县在肉羊产业方面取得了显著的发展成果，这一切得益于环县紧紧围绕饲草种植、良种繁育、规模养殖、屠宰加工、冷链物流和市场营销等产业链条上的关键环节，全面推动各类龙头企业发挥带动作用。通过全产业链、全供应链、全循环链、全价值链"四链"共建齐抓，成功吸引了各类要素和各方力量向肉羊产业集聚。

在饲草种植环节，环县充分发挥龙头企业的引领带动作用，推动饲草种植产业向规模化、标准化、生态化方向发展。通过引进优质饲草品种、推广科学种植技术，提高饲草产量和质量，为肉羊养殖提供有力保障。在良种繁育环节，环县重点推进肉羊良种繁育体系建设，加大优质种羊引进和培育力度。通过设立专门的研究机构，开展肉羊遗传育种、繁殖技术等方面的研究，为全县肉羊产业发展提供了有力支撑。在规模养殖环节，环县鼓励和引导龙头企业采取"公司＋基地＋农户"的发展模式，带动农民参与肉羊养殖。这种模式既提高了养殖效益，又增加了农民收入，为实现产业扶贫奠定了坚实基础。在屠宰加工环节，环县严格按照国家食品安全标准，加强屠宰加工企业的监管。通过引进先进的屠宰设备和工艺，提高肉羊产品质量，为市场供应提供了安全、优质的肉品。在冷链物流环节，环县投入资金建设肉羊冷链物流体系，降低物流成本，提高产品流通效率。通过加强与各大销售渠道的合作，拓宽了肉羊产品的市场销售渠道。在市场营销环节，环县充分利用各类线上线下平台，加大肉羊产品宣传力度，提升品牌知名度和美誉度。通过举办各类展会、推进会等活动，积极与国内外客商交流合作，进一步拓宽了市场空间。

（一）甘肃庆环肉羊制种有限公司——科技育种开拓产业创新路

甘肃庆环肉羊制种有限公司于 2018 年注册成立，总投资 2.1 亿元，占地610 亩。该公司通过聘请国内外知名专家教授，通过人工授精、胚胎移植、基因编辑高效繁育等高科技，致力于肉羊良种选育和先进技术示范推广，着力构筑国内肉羊全产业链绿色循环发展的技术前沿阵地和羊业"芯片"，打造"中国羊谷"。目前，分别建成山城乡制种繁育基地和木钵镇羔羊繁育场。现有员工 95 人，存栏良种肉羊 3.26 万只，其中湖羊 3 万只，滩羊 1 000 只，陇东黑山羊 1 000 只，进口南丘羊、白萨福克羊、无角陶塞特羊等 600 多只，繁育出

"三元"杂交羔羊 1 000 余只。

公司作为庆阳市委、市政府以及环县县委、县政府重点引进的龙头企业，肩负着推动当地经济发展的重任。为了更好地发挥引领作用，公司采用了"331＋合作社"的发展模式，旨在助力庆阳羊产业的转型升级。在"331＋合作社"模式下，公司积极与当地养殖户建立紧密的合作关系，通过技术培训、政策扶持等方式，帮助农户提高肉羊养殖技术，提升草场种植效益。农户在公司的带动下，不仅实现了收入的稳定，还提高了自身的产业发展能力。这种产业化经营模式为农村经济发展注入了新的活力，也为农民增收提供了有力保障。近年，我国政府高度重视农业产业结构调整，鼓励农民参与现代农业发展，提高农民收入。公司已经成功地带动了 2 000 多户农户参与入股，共同经营发展。公司为农户提供了稳定的收入来源，每户每年都可以享受到 4 500 元的固定分红。此外，通过参与公司的种羊养殖项目，农户还实现了户均种草增收 3 000 元以上，给他们的生活带来了显著的改善。

（二）甘肃陇塬三羊牧业有限公司——典型示范提振致富精气神

甘肃陇塬三羊牧业有限公司成立于 2021 年 12 月，注册资金 500 万元。公司经营范围为肉羊养殖、繁育、销售和品牌打造，饲草料加工与销售，肉羊产业开发项目的投资、建设、管理等。公司前身为环县恒基肉羊养殖农民专业合作社，位于环县毛井镇红土咀村，2012 年 4 月注册成立。自成立以来，在各级党委、政府的大力支持和业务部门的精心指导下，养殖规模和技术得到长足发展，先后被评为甘肃省省级农民专业合作社示范社、庆阳市现代肉羊产业发展优秀合作社、庆阳市全市优秀"331＋"合作社、环县肉羊产业"331＋"养殖示范专业合作社、国家级农民专业合作社示范社，被作为世界银行贷款甘肃省贫困片区扶贫示范试点项目、甘肃省畜牧研究所科研基地。

公司始终坚守着带领群众通过养羊致富的初心和梦想。自 2012 年成立合作社以来，便致力于为全镇的养殖户提供全方位的服务，包括饲草、技术以及销售等方面。如今，合作社已发展成为拥有 3 个繁殖场和 3 个育肥场的规模，成功带领 680 户贫困户脱贫。基础母羊存栏量超过 8 000 只，种羊和肉羊销售范围覆盖 15 个省份，年销售额逼近 6 000 万元。在联农带农政策影响下，当地群众正稳步踏上致富增收的新征程。在 2023 年市场不利的情况下，公司给基础母羊存栏数量超过 30 只的养殖户免费提供 150 只优质的种公羊，这一举措不仅推动了品种改良，还显著提升了养殖效益。此外，公司还不定期地组织养殖技术培训，指导周边养殖户运用科学方法降低养殖成本。为进一步扶持农户，利用政府的奖补政策，收购了农户的羔羊，在当地开设饲料平价超市，以实际行动助力群众降低成本、提高效益。

（三）环县中盛羊业发展有限公司——联农带农开启振兴新篇章

环县中盛羊业发展有限公司成立于 2016 年 11 月 15 日，员工 300 余人，是一家集肉羊屠宰及深加工、基础母羊繁育养殖、育肥羊养殖、产品研发、餐饮及供应链、职业培训、羊肉预制菜生产与销售为一体的现代农牧食品企业。公司依托"中国羊谷"——环县现代肉羊产业的集群优势，生产冷冻、冷鲜羊肉产品 80 余种，其中主产品 42 种，目前已销往陕西、甘肃、宁夏、内蒙古、青海等周边省（自治区）及北京、天津、上海、重庆、香港等地，是中国少数几家大型优质羊肉产品供应商之一。

为推动草羊产业的高质量发展，环县于 2016 年引入中盛羊业公司作为核心合作伙伴，并建成规模达百万只肉羊的屠宰加工厂和 3 个万只肉羊养殖基地。通过入股分红、种羊投放、保价收购、屠宰加工等多种方式，建立起"龙头企业＋合作社＋农户"的紧密利益联结机制，成功塑造了"中盛模式"。此模式在环县内形成了"七位一体"的经营体系，并推广了"五级二元"生产体系。这使得环县的羊产业实现了"引育繁推一体化、种养加销一条龙"的全产业链、全价值链、全循环链的高质量发展路径。

中盛公司作为连接市场与农户的关键环节，承担着重要的社会责任。在合作社联结机制上，采取了"政府入股建设、企业运营管理"的模式，成功领办了 124 个标准化湖羊养殖示范专业合作社，有力地推动了周边农户草羊业的发展。以合作社为纽带，实施了"先训后养、先建后养、先草后养、先检后养"的办法，运用创新的"10＋1"模式，成功带动了 5 517 户建档立卡户实现稳定脱贫，并助力 219 个村实现整村出列。在直接带动农户方面，与 8 000 户建档立卡户建立了紧密的合作关系，占全县建档立卡户的 40%，通过吸纳入股资金 8 000 万元，定期向农户兑现固定分红，累计实现到户分红 2 657.5 万元。面对市场价格的波动，中盛公司始终坚守社会责任，在 2022 年全国肉羊市场价格波动的背景下，积极响应环县号召，及时启动"保护价"收购机制，确保农户收益的稳定。按照公羔和母羔的不同标准进行收购，并敞开收购农户自繁自育的断奶羔羊。这一举措累计保护价收购屠宰肉羊 24.2 万只，使养殖户每只肉羊的净收益增加了 200 元，为 116 个养殖合作社和 1.28 万户养殖户带来了高达 4 800 万元的净收益增量。由此，养殖农户人均来自羊产业的收入突破了 7 000 元，为地方经济发展注入了新的活力。中盛公司作为产业的核心力量，充分发挥其"基站"功能，引领各领域资源向羊产业链聚集。与甘肃庆环肉羊制种有限公司携手合作，实现了"强强联合"，与国内外 10 多家科研机构和院校建立了长期稳定的合作关系。通过引进 110 名养殖行业顶尖专家，组建了国际队、国家队和地方队三支专业团队，共同推广肉羊同期发情、"二元"

杂交、高效育肥等先进技术。这些技术的应用，有力地推动了 65 个合作社成功转型为育肥场，商品羊育肥周期缩短了 10 天以上，肉羊屠宰量提升至 50％以上。在养殖模式方面，积极示范并推行新模式。通过检测牧草营养成分，根据羊只不同生长阶段的需求，在全县范围内推广了全混合日粮和全发酵日粮的饲喂方式。同时，探索并推广了"分圈养""分灶吃"的养殖模式，引导养殖场户逐步从传统粗放圈养向科学精准饲养转变。

（四）伟赫乳业（集团）有限公司——精深加工增强发展新动能

伟赫乳业（集团）有限公司于 2017 年 10 月组建成立，注册资金 2.2 亿元，计划总投资 11 亿元，规划建设集饲草种植、畜牧养殖、乳品加工、物流运输、市场营销为一体的现代化农牧企业。集团旗下有 6 家子公司，分别为庆阳伟赫乳制品有限公司、庆阳伟创农牧有限公司、环县昊乐养殖有限公司、甘肃中环牧业有限公司、庆阳伟业运输有限公司、伟赫甘慕羊乳销售有限公司。

在环县深耕 5 年的伟赫集团公司，已经发展成为集生态养殖、智能加工、物流运输、市场营销于一体的全产业链企业，2023 年公司生产乳制品 7 万吨，产值达到 6 亿元以上。公司打造的"甘慕"和"陇牧源"奶制品布局立足于甘肃和陕西，辐射深圳、广州、上海、北京等国内一线城市，已经谋划向长三角、珠三角和大湾区进行重点布局。

伟赫集团公司始终秉持绿色发展的理念，专注于饲草料的种植，特别是苜蓿、燕麦、青贮等主要品种，目前公司拥有自有饲草料种植基地达 1 100 多亩。在养殖方面，公司采用科技手段，从澳大利亚、新西兰等地引进了 1.2 万余只优质高产奶山羊，包括萨能等品种。在此基础上，公司成立了奶山羊研究所，依托养殖基地进行奶山羊养殖技术的研究与攻关，并提供培训指导服务。至 2022 年底，公司进口纯繁优质奶山羊的单体存栏量已达到 3 万只，成为国内引种规模最大、品种最全的羊乳制品生产企业之一。2022 年生产原奶及各类乳制品 1.2 万吨，实现产值 2 亿元，累计带动 130 多个养殖、种植合作社，解决当地就业创业 5 000 人以上。2019 年公司被评为甘肃省农业产业化重点龙头企业，2021 年荣获全省脱贫攻坚先进集体（图 5-2）。

环县作为一个典型的农业县，通过政府党建与企业党建的协同发力，实现了羊产业的显著增长。环县政府高度重视党建工作在推动农村经济发展中的重要作用，充分发挥党组织的战斗堡垒作用。通过开展丰富多彩的党建活动，提高党员的党性觉悟，增强党员的服务意识，使党建工作真正深入到农村经济发展的方方面面。政府党建与企业党建相结合，构建了产业链党建的新模式，为羊产业的蓬勃发展注入了强大动力。

图 5-2 伟赫集团公司乳制品无菌加工车间

　　羊产业作为环县的优势产业，得到了充分发展。在党建工作的引领下，全县羊产业形成了产、供、销一体化的发展格局。政府和企业党组织共同推动科技创新，引进优良品种，提高养殖技术，使羊产品质量得到大幅提升。同时，党组织还积极引导农民党员参与羊产业，发挥党员的示范带动作用，促进了农民增收致富。这一成功经验为我国其他农村地区提供了有益借鉴，对于推动乡村振兴战略实施，实现农村经济持续健康发展具有重要意义。

第六章
全力塑造羊文化　赋能发展新底蕴

中国悠久的养羊历史孕育了源远流长的羊文化。以羊文化为要素，通过创新创意、科技应用、资源整合等方式为传统养殖业赋能，为环县羊产业促进当地乡村振兴提供了强大精神动力和文化支撑。羊文化是中华民族牧业文化的重要组成部分，"羊"字代表着美好寓意，羊文化促进了中华民族农耕文明的发展，挖掘羊文化对于推动乡村振兴具有积极作用。

中国的养羊业历史悠久，早在夏商时代就有关于养羊的文字记载。追溯至1 000多年前，我国南方主要以饲养山羊为主，后面逐步形成了一定的饲养规模，并产生了许多美丽的羊传说、羊习俗和丰富多彩的羊美食文化。在我国的北部和西部地区，以及民族聚居区，都有悠久的养羊历史，并且伴随着养羊的历史也产生了许多美好的羊传说、羊故事和相关民间艺术。在人们尚未掌握科学的方法来解读世界之时，先辈们在与羊的亲密接触中，孕育出了对羊的崇敬，这种深厚的情感逐渐凝聚成了一种象征性的文化符号——羊图腾。当前，在我国努力实现乡村振兴的历史背景之下，从我国丰富的农耕文化中挖掘出羊文化资源，对于我国乡村文化传承和发展农耕文明、促进乡村文化兴盛、促进乡村羊产业振兴、促进现代农业生态化发展，都有着重要的现实意义。

一、历史底蕴铸牢文化自信

中华民族有着辉煌灿烂的文化历史，牧业文化是其重要的组成部分，而羊文化就是其不可或缺的重要内容。羊是最早被人类驯化成为家畜的动物之一，它不仅在远古先民的日常起居中充当着重要角色，而且与中华民族传统文化的发展有着深厚的历史渊源。数千年来，羊文化影响着中国人的饮食、审美、文字、图腾、道德、礼仪、习俗等，已经成为中国传统文化的重要组成部分。

(一)"羊"之字

在我国的语言文字上，早已打下了深深的羊文化烙印。我们的祖先通过观察羊的外观特征，运用羊头的形状，突出其向上翘的两个羊角，以图案来代表羊这种动物，基于此创造了汉字"羊"，一点、一撇、三横、一竖构成了一个"羊"字。"羊"字字身为三横、一竖的王者之身。《说文解字注》记载：王，天下所归往也。此后，随着人们大量捕获、驯化和繁殖羊，人们对羊又从年龄、毛色、性别上加以分类，汉字字族中又增添了"羍"（出生的羊羔）、"𦍩"（五月生羔）、"羳"（黄腹羊）、"羝"（公羊）、"牂"（母羊）、"羒"（白色的公羊）、"羭"（黑色的公羊）等汉字。由于羊合群的特性，因此甲骨文中常常画三只羊或四只羊表示一群羊。后来，人们又另造了一个形声字"群"借此给人以容易相处的感觉。所以"群"，就成为中国传统伦理道德中的一个道德标准，并成为区分小人与君子的标志。孔子曰："君子群而不党。"即君子合群，但不结党营私。羊，作为中华文化的重要载体，一直是艺术创作的焦点。古人曾赞誉"水之精为玉，土之精为羊"。从新石器时代的陶羊雕塑，到东汉时期的百戏画像石，羊的形象无处不在。其中，商周时期的青铜器"四羊方尊"尤为瞩目，它以独特的四龙四羊设计，展现了古代盛酒礼器的庄重与尊贵。古人不仅将羊与神话中的"龙"相提并论，更赋予其公正、善良、吉祥的深刻文化内涵。汉代大儒董仲舒在《春秋繁露·执贽》中赞颂羊的品德，"羔有角而不任，设备而不用，类好仁者；执之不鸣，杀之不谛，类死义者；羔食于其母，必跪而受之，类知礼者；故羊之为言犹祥与"。意思是"羊羔有角却不使用，准备好了工具却不使用，如同喜好仁爱的；捉住它不鸣叫，杀死了也不知道啼叫，像是为正义而死的，羊羔吃它的母亲乳汁时，一定跪着领受乳汁，好像是知道礼的；所以羊就是象征吉祥"。《诗经·召南》中的"化文王之政……德如羔羊"以及《易卦》中的"三阳开泰"，均表达了古人对羊的高度赞扬和美好愿景。这些文化元素不仅在饮食中有所体现，更在审美、道德、精神崇拜等多个方面极大地丰富了中华文化的内涵。

在羊文化浓厚的环县有这样一个说法，"走环县、知环县、爱环县，从三千年羊文化开始"。先秦时期，环县属义渠戎国，义渠戎作为西戎最大最强的一支，与秦国征战百年之久，仍然过着放牛、养羊、牧马的游牧生活，但是在周文化的影响下，义渠人发展了农耕，自秦昭襄王灭义渠后，在其故地置北地郡，并"筑长城以拒胡"。此长城正是横穿环县的秦长城。秦长城的存在，使环县境内呈现出了截然不同的两种文化和经济形态。秦汉之际，环县一直是秦汉和匈奴争夺的战略要地，农耕文化和游牧文化在此交融碰撞，正是"马踏长城关，羊过长城窟"。魏晋时期中原混乱，环县全境彻底沦为羌胡之地，作为以羊为图腾的民族，羌人在这里过着"天苍苍，野茫茫，风吹草低见牛羊"的生活。到了唐宋时期，环县境内基本形成了以党项族为主的游牧杂居格局，俨然成为一片乐土。党项人也属羌人的一支，所以当时宋人把归附的党项人称为

"属羌"，党项人在环县牛羊满山头，牧歌飘远方。宋代以后，环县境内汉民急剧增加，农耕与游牧二元经济结构互补并存，此格局遗址一直延续至今。可见，中华民族牧业文化的重要组成部分，承载着丰富的道德寓意和吉祥愿景，对中华传统文化产生了深远的影响。

（二）"羊"之用

今天的养羊业是畜牧业的重要组成部分。回溯历史，我国的养羊业拥有悠久的传承，其中绵羊与山羊的品种资源尤为丰富。特别是在民族聚居的地区，羊不仅是其日常生产活动中不可或缺的一环，如繁育、喂养和放牧等，更是他们生活中至关重要的资源，涵盖了衣食住行的方方面面。养羊业的发展与各地的农业生产紧密相连，同时与人们的生活息息相关。羊肉与羊奶，作为营养丰富的食品，始终在人们的餐桌上占据一席之地。羊毛、羊绒与羊皮，更是人们追求高品质生活的优质材料。因此，在人类社会漫长的发展轨迹中，羊始终扮演着解决人们衣食需求的重要角色。由此可见，养羊确实促进了中华民族的繁衍生息和物质生活的不断丰富。

羊毛与羊绒，均为杰出的天然动物纤维之选。羊毛以其庞大的产量、卓越的保暖性能和广泛的应用领域而著称；而羊绒，则是以其无与伦比的轻盈、柔软与保暖性，以及稀缺性而更显珍贵。羊毛，这一富含蛋白质的纤维，见证了人类从新石器时代至今的漫长历史。其独特的柔软与弹性，为呢绒、绒线、毛毯、毡呢等纺织品的制作提供了原料，满足了人们对服饰的原始需求，同时也优化了居住环境的舒适度。羊绒，则是山羊在严寒季节为了抵御寒冷而生长的一层细腻绒毛。其独特的纤维结构，才能够形成有效的空气层，抵御寒冷空气的侵袭，保留体温。相较于羊毛，羊绒更为纤细、柔软，且保温性能更佳。然而，由于羊绒产量极为有限，它成为稀有的珍贵天然动物纤维，被誉为"纤维皇后"，其卓越品质无可比拟。同时，人类也长期利用羊皮来抵御寒冷。羊皮又富含水分、蛋白质、脂肪等多种成分，山羊皮与绵羊皮各具特色。绵羊皮柔软且触感细腻，而山羊皮则更加坚韧耐用。

环县是 1936 年 6 月解放的革命老区，红军解放了环县，当时陕甘宁省委、省苏维埃政府从陕西吴起镇迁至洪德河连湾，人民分到了田地，从而有了自己的牛羊。羊在这块土地上得到了繁衍生息，环县羊只饲养量从 3 万多只增加到 50 万只，环县羊在支持中国革命中发挥了重要作用。环县人民踊跃参军、积极捐款捐物支援前线。捐送的物资中大多数与羊有关，除羊和羊肉，军鞋、毛袜、毛手套、棉衣原料大都来自羊，送去的军粮也是施羊粪长成的。如今，环县的羊产业不仅体现在其生产方向的多样性上，更在于同一品种羊的多元化利用，这充分彰显了环县养羊业的丰富内涵与广泛实用性。

（三）"羊"之味

羊，自古以来在中国人的物质生活和精神生活中，都占有极其重要的地位。我国是拥有 5 000 年历史的文明古国，有着悠久而丰富多彩的饮食文化，羊肉美食文化也不例外。羊作为人类食品的历史可追溯到周秦时期。在那时，绝大部分的羊都是作为神圣的祭品而得到保护，但大概羊美味的诱惑力实在是让人难以抵御，因而又在《礼记》里，规定了羊作为祭品应受到特殊的庇护，并明文规定作为有身份的人没有特殊原因不得杀羊（奉命操持祭典除外），同时《礼记》中记载在每月初一的时候，天子的膳食标准会提高，会有三种牲畜，包括猪、牛和羊。早在战国时期，羊羹已经成为公认的美食。在《战国策》中，就有中山君"以一杯羊羹亡国"的记载，今天这已经成为众所周知的典故。后魏贾思勰在《齐民要术》中，也用了不少篇幅来专门记载羊菜谱。经过从周秦至今 2 000 多年的发展，以羊为主的菜系已经发展得数目庞大，不可胜数。

在我国传统医学里，羊肉还是治疗多种疾病和滋补强身的良方。羊肉作为汤剂，可补产后大虚或体亏乏力。相传隋炀帝时的麻叔谋因病坐立不宁，后用嫩肥羊蒸以药剂，即刻便康复。羊脂内服止腹泻和痢疾，外敷可治疗皮肤病和有润肤美容的效果。羊血可以解毒；羊肝和羊胆都有明目治盲的功用；羊胃和羊肾还可以补体虚、壮筋骨等。羊肉作为优质食品，其脂肪含量少，瘦肉多，蛋白质丰富，营养价值很高，而且羊肉风味独特，是我国各民族都广泛喜爱的食物。尤其是在一些游牧地区、偏远山区或民族聚居地区，羊肉几乎成为当地各民族日常生活中的主要食物来源。羊奶也是我国各族民众喜爱的营养食品，在今天已经成为人们日常饮用奶的重要来源之一。

我国有丰富多彩的羊美食文化，在全国各地都有关于羊的美食。环县，这个位于中国西北部的县城，是一个典型的半农半牧县。在这里，养羊已经成为一种家族传承，一代又一代的人们以此为生，以此为业。环县拥有着丰富的羊业资源，这里有 760 万亩无污染的天然草场，为养羊提供了得天独厚的条件；而且，环县养羊、育羊、食羊的历史可以追溯到近 3 000 年前，使它成为陇东地区乃至整个甘肃省最大的肉羊繁育基地。环县羊肉因其独特的口感和品质而闻名遐迩。它的膻味轻，脂肪含量低，肉质鲜美，瘦而不柴，肥而不腻，深受人们的喜爱。环县的养羊、牧羊和羊文化的历史渊源和传承，与一位名满天下的历史文化名人密切相关。这位名人就是北宋时期的政治家、文学家、军事家范仲淹。历史学家和地理学家都知道，范仲淹曾在北宋时期担任过陕西经略安抚招讨副使，当时的驻军屯兵中心就设在今天环县境内，其古称环州。在抗击西夏、抵御蕃敌的战争期间，范仲淹不仅戍守边疆，屯垦卫民，还大力提倡和鼓励养羊、牧羊。他推广的"范公烤全羊"成为环县人民，乃至陇东地区的食客和吃货们津津乐道的特色大菜，也留下了千古美食的趣闻轶事。因此，环县的肉羊之盛名，早在千百年前就已经闻名天下，味香朝野。

如今，在环县的环州故城中专门展示了环县羊肉的独特风味和经典做法。其中的大锅羊肉铺更是极具特色，环县人待客热情豪爽，招待亲朋好友宰羔羊用大锅，一只又一只。中国羊产业大会期间，3.3米的大锅炖煮66只黑山羊，豪迈粗犷和美味征服了数千万线上线下的人们。正如这副楹联所写，"暮引黄河一瓢水，朝烹环县三千羊"。在当地，更有"吃羊肉袖子一卷，心慌了窑洞一喊"的说法。这种悠久的养羊历史和文化传承，使得环县的羊业更加繁荣，也为当地的人们带来了丰厚的经济收益。环县羊肉的美味，不仅是食物，更是环县人民辛勤劳动和智慧结晶的象征。

（四）"羊"之业

我国乡村有悠久的养羊历史，也有悠久的羊文化传统，这是我国乡村经济发展中重要的产业基因和文化基因。充分挖掘这些基因，将会为我国乡村产业的融合发展和乡村经济的繁荣发展提供新的理念和新的发展路径。几千年以来传承至今的养羊习俗和文化传统，是我国乡村发展"灵感"来源的宝库，深入挖掘这一宝库，就能拓展出各地乡村养羊业和休闲产业融合发展的独特路径。各种美好的羊传说与典故、各种有益健康的游戏活动、各地不同时令节庆、逢年过节与羊相关的各种仪式习俗、各种羊美食及其渊源故事等，都可以在促进当地养羊产业发展的同时，增加养羊业的休闲附加价值，都能促进当地农民脱贫致富，都能推动乡村经济稳步发展。

环县羊文化，扎根在历史沃土，苗壮于生活旷野，绚烂于产业高地。环县当地的羊产业在为社会提供物质产品（羊肉、羊毛、羊绒、羊皮等）的同时，也能通过在乡村休闲中感知羊文化而为社会提供精神产品（如愉悦的心情、健康的心态、文化品位的提升、对善良与吉祥的追求等）。在羊文化与羊同根同株、同生同辉、相映成趣的过程中，其精神价值也散落在历史、政治、经济、社会、生态、生活的各个方面，渗透在环县人民生产生活的每一细节。

新时代，环县人民坚持"三羊开泰，众口一词念羊经、一心一意兴羊业、千家万户发羊财"，经过多年的实践摸索，目前环县已经走出了一条"引育繁推一体化，种养加销一条龙"的全产业链、全价值链、全循环链高质量发展路子。标准规范化养殖合作社全县已经建成368个，乡镇联合社20个、专业合作社2个。依托百名国内外专家和千名大学生羊倌组建了养羊专业技术团队，在全省率先开展无规定动物疫病区创建。县内已建成国内一流的百万只肉羊屠宰加工生产线。2022 年屠宰量达 25 万只，市值突破 5 个亿。总之，传承我国乡村传统文化中的羊文化基因，促进养羊业融合发展，对于发展我国乡村畜牧业和乡村休闲产业都具有十分重要的现实意义，对于实现乡村振兴有着直接的促进作用。

二、理念积淀赋能文化自信

（一）从出售产品到出售"文化"：环县羊产业的价值重构

强国之要是发展，乡村文化产业是乡村发展与振兴的新兴力量，也是重要的发展力量，乡村振兴要靠产业兴旺；兴国之魂是文化，乡村要想真正的振兴，最终靠的是文化。虽然产业推动经济增长、乡村发展，但文化本身就蕴含着产业发展，产业做大做强需要有着高素质技术人才的推动，文化能够赋给产业更高的附加值。进入新时代，人民日益向往富足、有品质的生活，追求高品质的物质生活和精神生活，因此当下人们对产品消费更注重其内在文化价值。由此来看，现代人对肉羊产业的消费关键并非全部是传统社会中所保有的功用性价值，而是其背后所展现的文化价值，及其在对文化价值探寻中获得的满足感。环县羊文化历史悠久，存留着丰富的文化资源。环县羊产业所体现的文化关系、符号、意义，以"民俗""乡愁"等符号重新进入文化消费的链条之中。这种文化形式原先在一个更为普遍的层面上体现了"缅怀过去"的整个过程，而今落实在社会商品中，既体现了文化特质的美感与美德，又体现了羊产业与羊文化的融合发展。

一方面，养羊被视为一种民俗活动。例如，叼羊、斗羊、各地伏羊节、送羊、羊日等。在环县至今仍保留着一项古老的丧葬仪式，称之为"领羊"。该仪式一般在夜里举行，由相当于祭司的主持人不断地向早就准备好的一只羯羊（人们认为死者灵魂已经控制了它）身上泼水。同时，死者的一位至亲就死者生前未了之事耐心而细致地猜测，并无条件承诺解决。至亲诚恳地揣测各种事由，邻居们则在一旁帮腔，并对着羯羊大声喊叫："领！领！"这时，羯羊开始剧烈抖动起身体，预示着死者表达满意之情。这时，孝子们就痛哭起来，鼓声、唢呐之声的丧乐伴着他们的哀号声响起。之后，第二位亲人开始"领羊"……古人眼中的羊不单是一种牲畜，同时也是一种信奉的风俗习惯。在环县人眼里羊是善良的象征、吉祥的化身，承载着艺术，孕育着文化。从古至今，环县人民的生活始终没有离开过羊，羊文化深深地渗透于环县人民衣、食、住、行等各个领域。

另一方面，由羊衍生出的成语、谚语、历史故事与传说也是数不胜数，反映出区域性的文化特质和人文精神。环县羊的主题以民间历史故事为主，如

"康福夺羊破羌""范仲淹罚羊制羌""种世衡赏羊联羌""董遵诲杀羊犒羌"等。随着现代社会的发展，人们生活水平的提高，养羊业产品肉、皮、毛、奶等逐渐走进人们的日常生活，"美""善""孝""仁""义""礼"等羊的品格则融入人类的心灵与精神中。羊是人类衣食之源，是人类最早开始狩猎和驯养的动物之一。游牧民族以羊作为主要的生产、生活资料，到农耕社会时期，养羊的数量还是一个家庭或乡村生活富裕程度的象征。羊文化源远流长，羊是被华夏先民选作祭拜祖宗的祭品，伏羲、炎帝是中华人文始祖，他们与羊有着千丝万缕的"亲缘关系"，羊是伏羲、炎帝部落早期的图腾。自古以来，人们把羊视为温驯善良、公正公平、积极热情、儒雅、吉祥的象征，羊的品质赋予了中华羊文化的神与魂，经历了数千年的历史沉积，对中国政治、法律、道德、文学、艺术、饮食、礼仪、美学等领域产生了深刻的影响。环县的羊所聚集的文化要素，转变为文化消费视域下的生产要素，与文化产业发展共融，成为羊文化产业发展的内在条件。

（二）从文化振兴到共同富裕：环县羊产业的消费转换

在实现共同富裕的道路上除了需要坚实的物质基础，还需要有力的精神引领。实现乡村文化振兴不仅有利于丰富群众的精神生活，更重要的是为全面实现共同富裕提供精神力量。实现乡村文化振兴要立足于历史悠久的优秀乡村文化，要处理好文化传承与文化发展的关系，把传统农耕文明和现代文明要素结合起来，实现传统乡村文化的创新性发展。

塑造品牌文化，融入文化元素，将其从低端产品转换为高端产业。整合全县羊产业资源，由传统的分散养殖向集约化转变，传统的粗放喂羊向科技化进步，传统的单家独户向产业化、社会化进军，完善产业链，在全域提高羊产业发展水平，建成集饲草种植，饲料加工，基础母羊繁育、育肥羊养殖、屠宰深加工、冷藏、销售为一体的综合性全产业链，使消费者对环县羊羔肉的认知从普通的羊肉产品转变为具有文化内涵和品质保障的高端产品。这种消费升级不仅提高了产品的售价和利润，还能带动整个产业链的升级和发展。在文化振兴的推动下，环县羊产业的消费模式也会发生转变。一二三产业融合使消费者更加深刻感受到了产品所带来的乡土文化气息。环县始终致力于深入挖掘农耕文化中璀璨的羊文化资源，积极推动当地农耕文明的传承与发展，助力乡村文化的全面振兴，促进乡村社会的和谐稳定，并推动现代生态农业的蓬勃发展。在此基础上，打造出具有鲜明地方特色的乡村羊休闲产业，为当地经济注入新的活力。这种消费模式的转变可以促使企业更加注重品牌建设和文化营销，从而推动整个产业的可持续发展。文化振兴和消费升级最终促进环县羊产业的共同富裕。通过发展羊产业，环县不仅带动了当地经济的发展和农民收入的增加，还促进了城乡之间的融合发展。同时，通过品牌建设和文化营销，环县羊产业还能吸引更多的投资和人才流入，这些都能有力推动环县实现共同富裕的目标。

羊产业已逐渐成为一种文化意象，它所象征的自由意象和消遣元素，代表着对于民俗记忆的唤醒及对自由时间的缅怀。将乡土情感赋值融入其中，使羊产业的消费群体进一步扩大。在与现代都市交融的过程中，环县羊产业逐步生发出不同于之前的消费主体。由以乡村居民为主体到现在后工业社会的文化消费逻辑使中产阶级成为新的消费群体。这意味着，环县的"羊产品"定位不能仅停留在过去的节日礼仪用品上，而应关注文化消费市场中新群体的消费潜能。把环县肉羊中细腻的人文色彩、质朴自然的乡土气息带入产业中唤起人们的文化记忆，形成新的消费认同。随着此类消费需求的增长，从而催生出多元的文化消费途径，除了吃羊肉、买羊奶还可以参观羊文化展示馆、逛环州故城，体验窑洞等也可以成为新的消费形态。这些新的消费方式与形态，都是羊产业与现代文化消费相融合的结果。

三、实践探索坚定文化自信

（一）历史文化促产业

环县历史源远流长，文化底蕴深厚。据史载，其建于公元 639 年，迄今已有 1 300 多年历史。自古以来，环县乃兵家必争之地，存有战国长城、宋代砖塔、烽墩城堡等诸多历史古迹，见证了中华民族的发展历程。

羊文化作为中华牧业文化的重要构成，对中华牧业文化的形成与演进意义重大。环县地处黄土高原丘陵沟壑区，属半农半牧区域，870 万亩的天然草场为环县羊文化及羊产业的发展提供了优越的地理条件，羊文化也在漫长的历史进程中，深深融入环县人的血脉。悠久的历史文化以及由来已久的养羊传统，为环县羊产业的发展奠定了坚实且独特的基础。

相传北宋时期，环庆路一带蕃族部落众多，民族关系繁杂、居民成分多样，对北宋边境构成巨大威胁。故而，范仲淹出任环庆路安抚使兼庆州知州，通过恩威并施之策安抚蕃族。在此政策影响下，蕃族皆表顺从，与汉族和谐共处，环州边疆社会渐趋稳定。范仲淹亦注重城寨修筑，其巡视环庆路时发现，当地地形复杂，诸多军事要地防御设施匮乏。于是，组织军民修建众多城寨，其中尤以大顺城知名，还包括细腰城和葫芦泉寨。这些城寨的建成，不仅强化了环州的防御能力，也为后世防御积累了宝贵经验。曾有学者认为，范仲淹笔下的《渔家傲·秋思》即为其在出任庆州知州时于环县所作。

【案例 6 - 1】

　　为了使属羌忠于北宋，勿受西夏诱导。范仲淹与属羌订立条约，对其进行约束，条约内容为："若仇已和断，辄私报之及伤人者，罚羊百、马二，已杀者斩。负债争讼，听告官为理，辄质缚平人者，罚羊五十、马一。贼马入界，追集不赴随本族，每户罚羊二，质其首领。贼大人，老幼入保本砦，官为给食；即不入寨，率家罚羊二；全族不至，质其首领。"

　　环州故城景区坐落于环县城北郊，依托景区内宋代砖塔、秦代长城、灵武古台等历史遗迹，以"又见"之手法重现环县的历史与文化记忆。此外，该景区还将道情皮影、香包刺绣等非物质文化遗产、陇东窑洞传统技艺等民俗文化，以及环县羊羔肉、小杂粮和黄米酒等美食文化融入景区，构建了集"游、品、烤、享、听、购、住、赏、观、舞"于一体的景区，原汁原味地展现环州故城风貌（图 6 - 1）。

图 6-1　环州故城夜景

　　自 2021 年 9 月 23 日正式开园至 2023 年 3 月，环州故城累计接待游客 136 万人次，旅游收入达 2.3 亿元。环州故城是一座融合历史文化、民俗文化、非遗文化与美食文化的旅游景区。其以全国重点文物保护单位宋塔为核心，分为古塔印记、如见环州、沙场风云、龙泉叠水、陇东别院五个功能区。自 2021

年 9 月 23 日正式开园后，已成功举办多场大型活动，包括甘肃省庆祝中国农民丰收节大会、羊羔肉美食文化旅游周活动等。特别是在 2023 年春节期间，接待游客量达 24 万人。此外，环州故城于 2022 年 12 月 31 日获评国家 AAAA 级旅游景区，成为环县文化宣传的新地标。2024 年"五一"小长假期间，环县共接待游客 50.32 万人次，同比增长 48.43%。其中环州故城景区接待游客 34.85 万人次，同比增长 17%。

环州故城景区紧密围绕悠久历史文化与特色羊产业发展融合，推出特色鲜明的羊肉评鉴活动，打造以"环县羊肉串"为主的美食代表。开展"中国最美羊肉串"邀请大赛，让外地游客领略"环县味道"。

环县依托羊产业积极与国际接轨，于 2024 年 4 月 30 日创造了"世界最长羊肉串"的吉尼斯世界纪录。在众多游客和吉尼斯纪录组委会裁判官的共同见证下，环县 200 名厨师团队历经数小时的不懈努力，使用近 2 000 斤羊肉，成功制作总长 256 米的羊肉串。此次挑战的成功，不仅展现了环县传统美食的魅力，更向世界传递了热情好客的文化精神。这将极大提升环县的知名度，推动当地文化旅游市场的繁荣。环县文旅局有关负责人表示，期望借此类活动，吸引更多国内外游客来环县观光，体验当地的自然美景、历史文化和地道美食。环县环州故城的"世界最长羊肉串"挑战，不单是对传统美食的创新探索，更是一场文化旅游的盛会，环县将以开放的姿态，迎接世界各地游客的到来。同时，这场挑战不仅是对环县羊肉串制作工艺的展示，更是对中国西北饮食文化的传播。通过挑战吉尼斯世界纪录，环县向世界展现了其独特的美食文化和民众的热情好客。

此外，环州故城景区还举办了中国农民丰收节大会、首届羊羔肉美食文化旅游周活动、元宵节灯谜暨音乐烟火晚会、道情皮影戏擂台以及第四届西北音乐节大赛等形式多样的文化活动。通过开展极具环县特色的各类文化活动，持续弘扬农耕文化、展示民俗风采。2023 年全国环县羊羔肉烹饪大赛在环县举行，此乃传承文化、挖掘人才、交流技艺、促进创新、增进友谊的重要平台，大赛立足选手们切磋交流烹饪技艺、促进行业发展，全面提升羊羔肉口味和品牌影响力，打造特色 IP 产品，擦亮城市旅游品牌，促进环县羊羔肉产业组织化、集约化发展，既凸显了大赛举办地环县的饮食特色，又顺应了当前餐饮消费的新趋势。

（二）革命文化助发展

环县，不仅是红军长征的途经之地，还是红军西征解放的第一县，更是陕甘宁革命根据地至关重要的组成部分。老一辈无产阶级革命家毛泽东、周恩来、朱德、彭德怀等都曾在此留下战斗与生活的足迹。1936 年 6 月 4 日，环县迎来了解放，习仲勋出任第一任县委书记。同年 6 月上旬，中共陕甘宁省委省苏维埃政府迁址至环县河连湾，并在此办公长达 6 个月之久。

同年 11 月发生的山城堡战役，意义非凡。这是红军长征会师后红一、二、四方面军的第一次联合作战，是中国工农红军三大主力会师后的首次胜利，更是第二次国内革命战争的收官之战。此战役对于巩固陕甘革命根据地，推动抗日民族统一战线的形成，发挥了极其关键的作用，其影响深远且持久。

开国上将、原红一军团第二师政委萧华为纪念红军长征 30 周年创作的《长征组歌》第十一组《会师献礼》，对山城堡战役作出了精妙绝伦的概括："顶天地，志凌云。山城堡，军威振。夜色朦胧群山隐，三军奋勇杀敌人。火光万道迎空舞，霹雳一声动地鸣。兄弟并肩显身手，痛歼蒋贼王牌军。旭日东升照战场，会师献礼载功勋。"

山城堡战役的伟大胜利，离不开环县人民的巨大贡献。环县羊在支持中国革命中写下了可歌可泣的红色情缘。解放战争至新中国成立，环县人民踊跃参军、积极捐款捐物支援前线。捐送的物资中大多数与羊有关，除羊和羊肉，军鞋、毛袜、毛手套、棉衣原料大都来自羊，送去的军粮也是施羊粪长成的。当红军一进山城堡，当地村民就毫不犹豫地腾出窑洞、让出水窖、送来灶具，积极主动地为红军提供食宿。有的村民为红军送粮，有的担当向导，有的提供情报。环县、曲子、固北 3 县共派出向导 1 200 多人，捐粮 5 000 余石、银圆 2 000 余块，送羊 1 100 只。甜水、洪德两乡为红军送羊 200 多只，捐粮 2 000 石，银圆 300 块。在长达半年多的时间里，红军医院工作人员和庄里人同饮一窖水，同住一个窑，同吃一锅饭，结下了深厚情谊。

近年，环县不遗余力地持续加强红色文化资源的保护与利用。以山城堡战役纪念馆作为核心，以河连湾陕甘宁省委省政府旧址和曲环工委旧址为重点，精心打造 G211、G341 国道线、长征路线三条红色旅游线路，全力建设环县红色旅游大景区，积极主动地融入陕甘宁红色文化旅游圈。与此同时，依托长征国家文化公园、红色革命文物保护利用等项目带来的难得机遇，环县全面推进山城堡战役纪念馆的布展提升工作和将帅馆的建设，积极开展红色文献资料的编纂工作，充分挖掘、大力弘扬和传承老一辈无产阶级革命家留在环县的动人故事、不朽精神以及珍贵的红色基因（图 6 - 2）。

【案例 6 - 2】

《咱们领袖毛泽东》这首唱红大江南北的民歌出自环县普通农民诗人孙万福之手。1943 年，孙万福随其他 16 位劳动英雄在陕西杨家岭受到了毛主席的接见。当时，孙万福非常激动，他紧紧地抱着毛主席的肩膀说："大翻身，有了吃，有了穿，账也还了，地也赎了，牛羊也有了，这都是您给的，没有您，我们这些穷汉子趴在地上一辈子也站不起来。"他越说越激动，随即朗诵道："高楼万丈平地起，盘龙卧虎高山顶。"当他朗诵完这首诗的时候，与会代表们都惊喜万分。毛主席拍了拍孙万福的肩膀，问他是不是一位诗人。孙万福说道："我一字儿不识。"毛主席对这位一字儿不识的农民诗人的才气大为惊叹。当时周扬听到这一消息，还专门在延安大学接见了孙万福。河连湾村红色教育基地就保存着周扬当时所做的这篇报道的报纸——1943 年的《解放日报》，非常珍贵。

图 6-2　河连湾村红色教育基地

环县积极与周边红色旅游景点协作，将环县的红色旅游景点与延安、南梁等融为一体，延伸游客视角，体味黄土地上的红色文化。2015 年，环县建成"八珠—华池""东老爷山景区—华池""山城堡战役纪念园—断马崾岘"红色旅游专线，成为发展环县红色旅游的主动脉。目前，全县可开发的红色旅游资源 30 余处，爱国主义教育基地 18 处，其中山城堡战役纪念馆正在创建国家 AAA 级旅游景区，东老爷山正在创建国家 AAAA 级旅游景区。红色旅游的开发建设，带动了一批餐饮、文化产品、接待服务等文化产业的发展，环县将小杂粮、刺绣、皮影等特色产品，"烙"上红色印记，遍布各大旅游景点，游客在享受旅游和爱国主义教育的同时，还品尝了环县的特色食品，感受深厚的文化底蕴。这一理念，不仅延长了产业链条，增加了产品的附加值，还新增了一大批农民就业岗位和创业机会。环县文化和旅游局统计，截至 2023 年 7 月，各红色景区点共接待游客 20 万人次。

（三）非遗文化兴羊业

环县道情皮影戏是第一批国家非物质文化遗产，环县于 2002 年被称为"皮影之乡"。其历史悠久，至今已经有 300 多年。环县道情皮影戏与中国其他皮影戏种相比，在音乐方面独具特色。其音乐旋律优美动人，曲调婉转悠扬，犹如天籁，令人陶醉其中。也正因如此，环县道情皮影戏曾被外国友人盛赞为"来自东方魔术般的艺术"，这一赞誉无疑是对其独特魅力的高度认可。

在环县，这里不仅完整地保存了中国皮影艺术的原生态，而且仍有许多戏班在坚持不懈地进行演出。正是由于这样出色的传承与坚守，环县得以被命名为"中国皮影之乡"。在这里，皮影艺术的火种生生不息，绽放着耀眼的光芒，为中国传统文化的传承与发展书写了浓墨重彩的一笔。当地的一些老艺人，凭借着精湛的技艺和对艺术的执着追求，将环县道情皮影的精髓展现得淋漓尽致，吸引了众多观众的目光，让这一古老的艺术形式在现代社会依然焕发出勃勃生机（图 6-3）。

图 6-3　环县道情皮影戏

【案例 6-3】

说起环县道情皮影，不得不提到它的开山鼻祖——谢长春。他是地地道道的甘肃环县人，10 岁开始就跟随自己叔叔学艺，13 岁就谢师另组戏班独立演出。在陕北从艺期间，他接触过不少民间戏班和艺人，他广交艺友，留心汲取当地艺术营养。同时，他将环县皮影戏的优秀表演手法传入当地，使两地的皮影艺术在许多方面得到融合。从艺 60 多年，独创道情演唱新风格，名震陇东，远播陕甘宁。这种创新使得环县道情皮影的音乐更具魅力，旋律和曲调更加优美动人，为环县道情皮影在音乐方面奠定了独特的基础。此外，谢长春在流浪卖艺期间，积极与其他民间艺人交流融合。这种开放的态度和对不同艺术元素的吸收，拓宽了环县道情皮影的艺术视野和表现形式。在他的影响下环县道情皮影开始走出大山，走出国门。自 1987 年首次出国访问演出以来，截至 2022 年，环县道情皮影艺术团已 19 次应邀出访演出，包括法国、德国、奥地利、荷兰、比利时、瑞士、加拿大、埃及、韩国等 18 个国家和地区，向全世界展示了其独特的艺术魅力。

作为地域文化的重要表征和黄河流域农耕文化的典型代表，环县在融入现代生活与创新元素的前提下，对道情皮影艺术进行创造性转化和创新性发展，使其保持生命沛然、生机盎然。通过发挥道情皮影历史久、底蕴深、传承醇的优势，打造了一系列人民群众喜闻乐见的特色表演活动。通过老皮影唱响新故事，大学生"羊倌"念"羊经"的故事融入皮影戏曲之中，讲述了环县引进湖羊养殖产业，以秦泽明、王鹏涛等人为代表的大学生创业养羊，并且为农户推广养羊知识，助力脱贫的故事，新剧目《三羊开泰》一经播出，获得一致好评。

（四）民俗产业促振兴

环县刺绣和香包，集中反映了这一方土地上民俗文化的精美。流水河畔，村头院落，不论是打扮入时的姑娘，还是天真烂漫的孩童，他们的身上往往都会有三两件精美的绣件。这些绣件，不但集中展示了环县劳动妇女的心灵手巧，还反映了环县人民崇尚生命、追求美好的愿望，而且因其独特性填补了陇绣的锦箱和奁匣，成为聚积古老图腾文化习俗的"活化石"。不论是别出心裁的画面设计，还是粗细有致的传神针法，都体现了环县刺绣风格独特、意境雄浑、古朴别致、绚丽多彩的历史文化内涵。

近年，环县民间刺绣引起了社会的普遍关注，一些民间刺绣手艺人因此声名远扬，其中数十人被授予"民间工艺美术大师"的称号。随着庆阳香包民俗文化节活动的连续开展，环县香包、刺绣也融入其中，不但在全国民俗文化邀请展、庆阳民俗文化精品展、非遗沉浸式体验示范活动等多项活动中展出，同时还与庆阳香包、剪纸、皮影、布贴画等一道成为展示地域特色的文旅品牌（图 6-4）。

图 6-4　环县羊文化剪纸

【案例 6-4】

　　曹伟伟怀着对刺绣的热爱，自 2017 至 2022 年先后去外地培训、交流、学习刺绣，之后又到毛井、合道、演武、罗山等乡镇培训绣娘 2 000 余人。这期间，她还获得了环县非物质文化遗产代表作名录项目代表性传承人、环县非物质文化培训讲师、陇原巧手巾帼脱贫攻坚带头人等称号。通过学习，她对非遗文化有了更加深刻的理解，也明白了这是一项任重而道远的责任和任务，所以她回来后就下乡去各个乡镇把留守妇女召集起来，给她们手把手地教、培训，传授她们新思想。如今她的作品中既保留了传统特色，又加入了现代气息，使画面更加和谐，立体感更强。

　　此外，环县依托"互联网＋"战略和农村电子商务发展政策机遇，不断创新扶持机制举措，构建了高校毕业生电子商务创业孵化区，为贫困大学生提供免费办公场所、创业培训，鼓励大学生返乡创业。

【案例 6 - 5】

毕业于西安外事学院的李赟霖于 2017 年成立了环县霖赟电子商务有限责任公司。从小受到母亲以及周围刺绣文化的熏陶，李赟霖选择了在网上售卖绣品和半成品来传承陇绣文化。从刚开始卖不出、不会卖、没经验到后来一步步探索新路子，客户也从最初的省内辐射到了全国各地。为了满足不同消费者的需求，李赟霖推陈出新，将图案从花鸟鱼虫变成了动漫造型，鞋垫的字样从传统的"福寿禄"变成了"520"等流行符号。她还同 150 多户妇女签下了收购订单，每年可带动户均增收 1 万元，如今她的网店年线上销售额已达 80 万元，年纯利润可达 10 万元。

第七章
生态治理惠民生　着力打造善美环州

生态文明建设是中国特色社会主义"五位一体"总体布局的组成部分，也是乡村五大振兴之一。习近平总书记站在历史发展的高度，揭示了"生态兴则文明兴，生态衰则文明衰"的人类社会发展规律，指明生态文明是人类社会发展的方向，是对人类数千年发展正反两方面经验教训的总结，是指导中国绿色发展、实现美丽中国建设目标的主要行动指南，是实现中华民族伟大复兴中国梦的主要内容，显示了深邃的历史视野。

党的二十大报告指出，"中国式现代化"既有各国现代化的共同特征，同时更体现出基于我国国情的中国特色和中国样态。这充分彰显了"中国式现代化必须走人与自然和谐共生的新路"。因此，人与自然和谐共生是我国擘画中国式现代化蓝图的基本底色。

由此，环县无论在完成精准脱贫攻坚战，还是全面推进乡村振兴战略中都努力将"中国羊谷·善美环州"建设得更加美丽。

一、环县农村生态文明建设

农村生态文明建设，功在当代，利在千秋。建设美丽中国受到全社会的普遍认同，对于促进我国生态环境改善起到决定性的作用。农村生态环境是一个涵盖农村地区社会经济、自然和人类活动等内容的复合系统。把农村生态环境保护好，有利于持续维护和发展农村社会生产力，不断提升人民生活水平，从而为建设富强民主文明和谐美丽的社会主义现代化强国奠定坚实基础。

（一）环县建设农村生态文明的时代背景

生态文明是生态环境建设的最高要求，是关系中华民族永续发展的根本大计，是中国发展史上的一场深刻变革。环县在发展县域特色羊产业布局中注重加强农村生态文明建设，使农村生态环境有了根本好转，农民生态文明意识逐渐增强，高度重视农村生态文明建设"一方水土养育一方人民"的重要意义。

环县位于甘肃省东部,庆阳市西北部。东临庆阳市华池县和陕西省榆林市定边县,南连庆阳市庆城县和镇原县,西接宁夏回族自治区固原市彭阳县、原州区和中卫市海原县、吴忠市同心县,北接宁夏回族自治区吴忠市盐池县。县境介于北纬36°01′—37°09′、东经106°21′—107°44′,南北距127千米,东西间124千米,面积9 236千米²①。全县辖20个乡镇、251个行政村,1 487个村民小组。2020年末全县户籍人口36.5万人,其中,农业人口29.16万人。人口以汉族为主,散居有回族等13个少数民族。境内海拔高度在1 200~2 089米,2020年年均气温9.7℃,全年降水量426.3毫米,全年日照总时数2 291.3小时。县党政机关驻地环城镇,坐落于县东南部环江东岸,南距庆阳市政府驻地西峰区148千米,东南距西安市420千米,西距兰州市510千米,北距银川市260千米②。

环县县委、县政府立足环县自然条件、社会发展、百姓诉求等实际情况展开谋篇布局,实实在在取得了县域特色产业持续发展、生态环境保护、农民增收的绿色循环发展;在发展特色养羊业全产业链高质量发展进程中,始终将生态建设和生态保护放在首位;在打赢精准脱贫攻坚战、巩固拓展脱贫攻坚成果及有效衔接乡村振兴战略中,形成了"绿色""健康"为亮丽底色的绿色草场、绿色产业、绿色产品、绿色品牌的羊产业全产业链。

(二)坚持生态发展的重要意义

1. 农村生态文明建设是提升环县人民幸福指数的有力举措

在中国,农民是最大的基数,没有农民的幸福就不会有中国国民的幸福。人民幸福、生活富裕是农村生态文明建设的根本出发点,也是农村发展的最终目标。习近平总书记指出,"纵观世界发展史,保护生态环境就是保护生产力,改善生态环境就是发展生产力"。良好生态环境是最公平的公共产品,是最普惠的民生福祉。对人的生存来说,金山银山固然重要,但绿水青山是人民幸福生活的重要内容,是金钱不能代替的。

随着经济社会发展和人民生活水平不断提高,环境问题往往最容易引起群众不满,弄得不好也往往最容易引发群体性事件。新时代农村生态文明建设的根本,就是建设人民幸福、环境优美的美丽乡村。"环境就是民生,青山就是美丽,蓝天也是幸福"。随着生活水平不断提高,老百姓现在吃饱穿暖了,热切期盼天更蓝、山更绿、水更清、环境更优美。

2020年末环县农业户籍人口29.16万人,占环县总人口的近80%。从脱

---

① 数据来源:《环县志·上册》,陕西人民出版社,2021年,第1页。
② 数据来源:《环县统计年鉴(2021年)》。

贫攻坚来看，在这样一个有着历史文化和红色文化底蕴的县城，经过全县上下持续奋斗，发扬艰苦奋斗精神，解决了一半的农业人口精准脱贫。全县 215 个贫困村全部退出，3.26 万户 14.05 万农村贫困人口全部脱贫，如期实现"两不愁三保障"，完成了新时代脱贫攻坚目标任务。从自然环境来看，环县地处农牧交错带，气候属大陆性较强的温带半干旱季风气候，降水少，地面径流总量小，干旱少雨且蒸发量大（年平均蒸发量 1 640.1 毫米），干旱指数 4.37；冰雹、风沙等气象灾害频繁。县域地貌属陇东黄土高原丘陵沟壑类型，全境处于由南部残塬沟壑向北部梁峁沟壑及沙漠边缘过渡地带。长度 200 米以上大小沟壑 17 364 条，沟道密度 1.41 千米/平方千米。地势西北高，东南低，平均海拔在 1 400～1 700 米，最高点在毛井镇施加滩村马家大山海拔 2 089 米，最低处曲子镇五里桥村江河道海拔 1 136 米，相对高差 953 米[①]。在巩固拓展脱贫攻坚成果有效衔接全面推进乡村振兴战略背景下，农村生态环境关系农民获得感、幸福感和安全感。乡村振兴，生态宜居是关键，这一目标要通过农村生态文明建设、农村经济稳步提升来实现。环县以生态环境的保护和治理为动力，推动农村社会发展和进步。在新征程，环县推进乡村全面振兴、构建美丽乡村又是一场新的攻坚战，也是迈向高质量发展，实现农业现代化的必经之路。

2. 农村生态文明建设有利于促进环县构建人与自然和谐共生的现代化

环县有"中国羊谷、善美环州"的名片，在打造特色产业的同时，突出了环县对待"一方水土、一方人民"的"善""美"伦理，彰显了人与自然和谐共生的理念。这既是陇东农耕文明在新时代对中国农业伦理的传承和创新，也是在新时代因人制宜、因地制宜、因时制宜的鲜明写照。

一是培育生态理念与完善制度相统一。针对种植户、养殖户树立和践行绿水青山就是金山银山理念。特别是党的十八大以来，各届政府把生态文明建设放在突出地位，融入经济建设、政治建设、文化建设、社会建设各方面和全过程，并在各类工作规划、文件中以"绿色"为鲜亮的底色，发展特色羊产业、草产业，特色小杂粮等乡村产业，努力建设美丽乡村。

二是发展经济与保护生态相统一。要实现环县农业现代化和共同富裕，任务艰巨繁重，发展是第一要务。环县土地、草场广阔，发展农牧业条件良好。化石能源、光能、风能资源禀赋优越，开发潜力大。太阳能总辐射 6 091 兆焦耳/平方米，是庆阳市太阳能最丰富的地区，属于甘肃省太阳能较丰富的地区，县北部年日照时数 2 600 小时以上。日照≥6 小时的天数，全境全年超过 250 天，北部达 270 天。县域风能资源较丰富，北部尤为丰富。在季节分配上以春

---

① 数据来源：《环县志·上册》，陕西人民出版社，2021 年，第 114 页。

季最多，夏季次之，冬季再次，秋季最少。西北部年有效风能总时数 4 000 小时以上，有效风能频率 35.20%，风能密度 150 瓦/平方米，风能年储量 250 千瓦时/平方米；县城年有效风能总时数 3 080 小时，风能密度 95.2 瓦/平方米，风能年储量 174.6 千瓦时/平方米。矿产主要是煤炭、石油、煤层气（预测储量 3 480 亿米^3）、非金属矿产等[①]。2006 年已探明储量的煤炭 35.79 亿吨（甜水堡煤炭 3.14 亿吨、砂井子中部煤炭 18.96 亿吨、砂井子西部煤炭 13.69 亿吨）；2010 年预计石油储量 5 亿吨[②]。

由此可见，环县发展清洁能源及配套产业发展具有得天独厚的天然优势。可以说，坚持经济发展与生态保护相统一是协调人与自然和谐共生的题中应有之义，经济发展只有与环境保护相协调，才能保持经济的持续稳定发展；在经济发展过程中，正确处理好经济与环境、生态的关系，通过转变发展方式、优化经济结构、转换增长动力，努力建设现代化经济体系，经济发展与生态保护完全可以走向协调统一。

【案例 7 - 1】

环县的种养结合技术是一种将种植业和养殖业有机结合的农业生产模式，旨在实现资源的循环利用和农业生产的可持续发展。在环县，种养结合技术得到了广泛应用。当地农民通过建设沼气池等设施，将畜禽粪便等废弃物进行厌氧发酵，产生沼气和有机肥料。沼气可用于农民生活用能和农业生产中的温室大棚等，而有机肥料则施用于农田，实现了资源的循环利用。此外，环县还推广了"百亩千头生态方案"等种养结合模式。该模式 100 亩耕地为一个单元，配套建设一条养殖线，实现种植和养殖的平衡发展。通过这种模式，农民可以同时从事种植和养殖两个产业，提高综合效益。总的来说，环县种养结合技术是一种具有创新性和可持续性的农业生产模式。它不仅可以提高农业生产的综合效益，还可以促进资源的循环利用和环境的保护。未来，随着技术的不断发展和完善，环县种养结合技术将在农业生产中发挥更大的作用。

二、环县农村生态文明建设的主要成效及经验总结

党的十八大以来，党中央和国务院对生态文明建设做了全面部署。生态

---

① 数据来源：《环县志·上册》，陕西人民出版社，2021 年，第 165 页。
② 数据来源：《环县志·上册》，陕西人民出版社，2021 年，第 166 页。

文明是人类为保护和建设美好生态环境而取得的物质成果、精神成果和制度成果的总和。建设生态文明是提升全社会的文明理念和素质，走生态良好、生产发展、生活富裕的文明发展道路，并不是放弃对物质生活的追求，回到原生态的生活方式；建设生态文明，以人与自然、环境与经济、人与社会和谐共生为宗旨，以建立可持续的产业结构、生产方式、消费模式以及增强可持续发展能力为着眼点，以把握自然规律、尊重自然为前提，以资源环境承载力为基础，以建设资源节约型、环境友好型社会为本质要求；加强生态文明建设统计监测和执法监督；加快形成推进生态文明建设的良好社会风尚；切实加强组织领导。

近年，环县农村生态文明建设取得了一定的成效，也积累了一些宝贵的经验。

（一）环县农村生态文明建设的主要成效

清乾隆《环县志》言："山童水劣，世罕渔樵。风高土燥，秋早春迟。地多沙碛，水性咸卤"，客观地反映出历史上的环县自然环境状况①。近代以来，随着人口增加，层殖面积扩大，因滥垦、滥伐和超载过牧，水土流失和环境恶化加剧。20 世纪 70 年代起，石油和地方工业较快发展，环境污染日趋严重。2000 年后，环境污染监测和治理工作机制逐步建立，环境执法不断强化，污染排放得到初步控制。

环县环境保护机构的设置如下。1984 年 10 月设立环县环境保护局。1985年设立环县环境监理站。2000 年，县环境保护局成为县政府直属科级事业单位，业务上接受庆阳市环保局领导，负责全县范围内环境保护规划制订、环境管理等业务。2010 年 12 月，县环境保护局由县政府直属事业单位调整为县政府工作部门，内设人事秘书股、污控监察股、规划环评股、自然生态保护股，编制人员 11 名；环县环境监察大队，隶属县经济计划委员会。1995 年 12 月县环境保护局升格为副科级事业单位，隶属县城乡建设环境保护局，编制人员3 名。2000 年改隶县环保局。2006 年 7 月更名为环县环境监察大队，编制人员 6 名，下设城关中队、石油矿区中队。党的十八大以来，美丽宜居乡村建设逐渐有了新气象。在调研的环城镇、曲子镇、木钵镇、毛井镇等乡镇，这几个方面都做得有序、有法、有效。

1. 改善农村人居环境

良好人居环境，是广大农民的殷切期盼。环县近年来提高农村人居环境，主攻方向是村容村貌、农村垃圾和污水治理，以建设美丽宜居村庄为导向，全

---

① 数据来源：《环县志·上册》，陕西人民出版社，2021 年，第 189 页。

面提升农村人居环境质量。

首先，树立典型示范。曲子镇西沟乡学习浙江"千村示范、万村整治"经验，坚持党支部带头引领，明确目标，细化措施，因地制宜、统筹协调、精准施策，不搞政绩工程、形象工程，动员干部群众一件事情接着一件事情办，一年接着一年干，主要致力于生态保护和建设，以推进农业可持续发展为目标。多年来，环县全力实施植树造林、固沟保塬、生态治理等项目，生态环境明显好转，夏秋季节满山草木葱茏，推动了农村人居环境整治工作，提炼推广了一些经验做法、技术路线和建管模式。

其次，提升村容村貌。良好的村容村貌利于提升农民群众的居住环境和生活质量，体现了一个村庄及其村民的精神风貌。环县全县辖 20 个乡镇、251个行政村，1 487 个村民小组，这些村庄的自然条件、经济发展水平以及人们的生活习俗等方面都存在一定的差别，因此结合当地的实际情况，因地制宜，尽力而为，量力而行，科学规划村庄建筑布局，切实使农村村容村貌得到根本改观。

再次，完善农村人居环境标准体系。规范保护农村饮用水源，规范处置生活垃圾和生活污水，规范防治畜禽养殖污染。全面推行环境网格化监管体系建设，建立县、镇、村（社区）三级"网格化"管理，夯实农村环境保护工作基础。对群众投诉、媒体曝光、上级督查、自行检查发现的环境问题，各级环保部门建立通报制度，严肃追究问责，及时督促整改，限期整改，限期销号。注重树立先进典型和样板，建立健全整治长效机制，健全服务绩效评价考核机制。

2. 推进农业绿色发展

农业绿色发展是农业发展观的一场深刻革命。推进农业绿色发展，要以生态环境友好和资源永续利用为导向，推动形成农业绿色生活方式和生产方式为措施的永续发展模式，实现生产清洁化、废弃物资源化、产业模式生态化，提高农业可持续发展能力。

首先，推进资源全面节约和严格保护。资源是经济发展之本。环县最大的资源就是土地面积。全县总面积 9 236 千米^2，耕地面积 359 万亩，草地面积870 万亩，人均耕地约 10 亩，是全国的 6.2 倍，全省的 3.1 倍，开展全面节约和严格保护资源。一是树立全县节约优先理念。时时处处把节约放在前面，培育节约意识，养成自觉行为，形成有利于资源节约和高效利用的空间格局、产业结构、生产方式和消费模式。二是实施全县建设节水型乡村。全县水资源匮乏，节约用水成为群众共识，并形成循环使用。三是加强最严格的耕地保护制度和最严格的节约用地制度，着力加强耕地激励、管控、建设多措并举保护。四是加强种质资源保护和利用。种质资源既是发展种业的根源，也是人类社会可持续发展的根本。五是推进农业清洁能源生产和循环利用。清洁能源包括风电、太阳能电力等。清洁能源可以降低化石燃料消耗，而且其分布储存免去了长途运输压力，使用更加便利，具有无限前途。六是加快推进种养循环一体化，深入实施秸秆禁烧制度和综合利用，开展整县推进畜禽粪污资源化利用，推进废旧地膜和包装废弃物等回收处理及循环利用。

其次，突出解决农业生态环境问题。一是强化综合防治农业面源污染。重点推进区域农业面源污染的防治，减少化肥农药使用量，规模以下畜禽养殖和水产养殖等污染防治，因地制宜建立农业面源污染防治技术库；强化农业面源污染治理监督管理及监管平台，提升监管能力；健全农业面源污染防治法律法规制度，完善政策机制，完善标准体系和经济政策，建立多元共治模式。二是强化土壤污染管控和修复。实施土壤污染防治行动计划，对白色污染、重金属污染开展土壤污染状况详查与修复；对固体废弃物和垃圾处置，建立了乡一级生活垃圾分类处理系统。三是保护良好水体和饮用水水源及水污染防治。

3. 保护与修复乡村生态

促进乡村生产、生活环境稳步改善，实施乡村生态保护与修复重大工程，完善重要生态系统保护制度。

首先，建立健全草地空间开发和保护制度。严格实施草原禁牧和草畜平衡制度，完善草原生态监管和定期调查制度，全面落实草原经营者生态保护主体责任。完善荒漠生态保护制度，加强沙区天然植被和绿洲保护。其次，健全资源有偿使用和生态补偿制度，这是资源节约和环境保护体制机制改革的重要举措。造成我国资源环境问题的原因是多方面的，但长期存在的廉价或无偿的资源使用制度是资源浪费和环境污染的根本原因。因此，完善土地、矿产资源、草地资源的有偿使用制度，加快自然资源及其产品价格改革，加强环境税费改革；完善生态保护修复资金使用机制，探索建立多元化补偿机制；建立耕地草原休养生息制度，着力解决自然资源及其产品价格偏低、保护生态得不到合理回报等问题。引导全社会树立保护生态人人有责的意识，自觉抵制不良行为，营造珍惜环境、保护生态的良好氛围。

（二）环县农村生态文明建设的实践路径

党的十八大以来，绿色发展、循环发展、低碳发展是推进生态文明建设的基本途径和方式。

1. 坚持绿色发展

绿色发展是建立在生态环境容量和资源承载力有限的条件下，将环境保护作为实现可持续发展重要支柱的一种新型发展模式。环县渐进式地不断发展绿色，有赖于生态文明制度的完善，以更完备、更具可操作性的制度设计，去落实生态文明建设的具体要求，通过先进的生态文明制度和评价体系，增强人的绿色发展意识、规范人的各种影响环境的行为，能够引导和鼓励生态文明建设，尤其是加大环境监管力度，强化经济激励措施，保障生态环境法治的顺利实施，对生态文明建设起着重要作用。

2. 坚持循环发展

循环经济是建立在物质利用、再生循环基础上的发展，通过对资源的循环利用、对能源的高效利用，最大限度地、最充分地利用资源，环县坚持"好地种好草，好草养好羊，好羊出好品"的原则，通过循环发展，降低资源消耗强度，削减经济发展社会成本，促进资源能源节约；通过促进生产、流通、消费全过程的减量化和再利用，推动资源、能源利用方式的根本转变。把对环境的破坏降到最低程度。

3. 坚持低碳发展

低碳经济发展是一种以低污染、低消耗、低排放为显著特征的可持续发展模式，对全球气候变化有深远影响，对经济和社会的可持续发展也具有重要意义。面对未来全球气候变暖的趋势，我们既要坚持共同的环境保护制度，又有区别地落实责任原则，积极减少碳排放。环县在减少碳排放，保护县域百姓赖以生存的生态环境的同时，促进经济的转型升级，推动科技创新，不断优化能源结构，转变经济发展方式，培育可持续的特色生态农业产业及经济竞争力，追求生态可持续发展。

（三）环县农村生态文明建设的经验总结

生态文明建设既不会自然而然实现，也不可能一蹴而就，是个长期而艰巨的实践探索过程。环县面对自然条件的资源约束重新审视和协调人与自然的关系，从上到下自觉主动参与生态文明建设和生态环境保护，实现自然资源的有序利用，实现速度和质量效益相统一、经济发展与人口资源环境相协调，实现经济社会永续发展，走生产发展、生活富裕、生态良好的文明发展之路，使人民在良好生态环境中生产生活。环县生态文明建设取得的艰辛努力，不仅是社会各界的共同努力，也有制度创新，概括起来主要包括政府部门"自上而下"引领生态文明建设，创新绿色制度与政策，也有公民个人和组织"自下而上"地参与到生态文明建设的大潮中来。

1. 环县政府的政治引领

在党的坚强领导下，乡村绿色发展得以全面推进并取得显著成效。党的领导在乡村绿色发展中发挥着核心引领作用，为乡村绿色发展构筑了坚实的政治和组织保障。

　　党的领导为乡村绿色发展指明了方向。党中央始终将生态文明建设摆在突出位置，将绿色发展理念深度融入乡村发展全局，明确了乡村绿色发展的目标和任务。各级党委和政府坚决贯彻绿色发展理念，坚持生态优先、绿色发展，致力于推动乡村发展方式转型，提升乡村生态环境质量，实现经济社会与生态环境的和谐共生。

　　党的领导有力推动了乡村绿色发展政策的制定和实施。党中央相继出台了一系列乡村振兴和绿色发展的政策措施，如《乡村振兴战略规划（2018—2022年）》《中共中央、国务院关于全面加强生态环境保护坚决打好污染防治攻坚战的意见》等，为乡村绿色发展提供了有力政策支持。各级党委和政府紧密结合实际，制定具体实施方案，确保政策措施落地见效，有力推动了乡村绿色发展。

　　党的领导促进了乡村绿色发展机制的创新。在党的领导下，乡村积极探索绿色发展新模式，推动产业、能源、交通、建筑、消费等领域绿色转型，大力发展绿色产业、绿色能源、绿色交通、绿色建筑等，提高乡村生态环境容量和资源利用效率。同时，加强了乡村生态环境保护和治理，推进生态环境整治，强化生态修复，进一步提升了乡村生态环境质量。

　　党的领导激发了乡村绿色发展的内生动力。党高度重视发挥农民的主体作用，通过加强宣传教育，提高农民的环保意识和绿色发展意识，引导农民积极参与乡村绿色发展。同时，加人资金投入和政策支持，鼓励社会资本参与乡村绿色发展，形成了乡村绿色发展的多元化投入机制。

【案例 7－2】

党旗红引领生态绿，扮靓乡村振兴底色

　　春风拂绿，万象更新。在全党上下深入开展党史学习教育之际，为贯彻党中央关于同步开展"我为群众办实事"实践活动部署，落实庆阳市实施"一村万树"工程暨"再造一个子午岭"提质增效行动要求，引导党员干部在学习党史中践行为民服务宗旨，通过"学史力行"强化时代担当。2021年4月7日，中共环县木钵镇委员会、中共环县交通局党组、中共玉门油田环庆分公司委员会联合开展了以"整修树畦、植树增绿、整治环境、维修道路"为主要内容的"我是党员我自豪·我为群众办实事"实践活动。木钵镇镇村党员干部、基干民兵、群众志愿者、入党积极分子、环县交通运输局党员干部、玉门油田环庆分公司党员职工共计 2 000 余人参加。

　　春雨浸润后的活动现场生机盎然，党旗飘扬，所有人员热情高涨，有的负责修畦、有的负责栽树、有的负责浇水、有的负责清理垃圾、有的负责修

路，所有党员带领群众干，各个环节衔接有序，配合默契，气氛热烈，用实际行动植青播绿，美化家园，振兴乡村。

自党史学习教育开展以来，木钵镇党委同步部署开展"我为群众办实事"实践活动，把党史学习教育同推动工作相结合，以实施"一村万树"工程暨"再造一个子午岭"行动为契机，围绕种好"生态树""风景树""摇钱树""文化树"四棵树，发动党员、群众 5 000 余人次，栽植国槐、油松、黄金榆、香花槐、果树等各类树木 21 万余株，绿化荒山 2 500 余亩，排查整治各类生态环境问题 70 余个，农村人居环境面貌有了明显改善。

通过此次活动，使基层党组织战斗堡垒作用更加明显，党员先锋模范作用更加凸显，特别是激发了入党积极分子的爱党爱国热情，坚定了入党决心，增强了广大群众在乡村振兴中的主人翁意识。全体党员表示，接下来将立足本职岗位，积极行动起来，尽力服务"每一个人"，办好"每一件事"，以实际行动坚守初心，切实为群众办实事、办好事、解难事，让群众有更多的获得感、幸福感和安全感，奋力开启乡村全面振兴新征程。

2. 公众参与

长期以来，公众对于生态环境保护的意识相对薄弱，深入剖析其根源，很大程度上源于人民群众长期形成的固定思维模式，即过度依赖政府作为生态环境保护的主导力量。这种依赖心理导致人们普遍认为环境保护是国家层面的责任，与个人关系不大。然而，事实充分证明，生态文明建设的实效性既需要全体公民的广泛参与，也离不开公众参与制度建设的创新。

生态文明建设与每个人的利益息息相关，需要人人共同努力。作为生态系统的重要组成部分，每个人无时无刻不受到生态环境的影响，同时也无时无刻不在影响着环境。因此，经济发展与生态环境都是关系到每个人切身利益的重要问题，生态问题既是经济问题，又是政治问题，更是关乎人类永续生存和可持续发展的重大问题。这要求我们必须转变生产方式、生活方式、消费方式及观念思维，每个人都应成为环境保护的第一责任人，从我做起，从现在做起，积极参与，共同推动生态文明建设的进程。

公众参与是民主政治的基本要求，也是实现生态文明目标的重要保障。公众通过参与环境保护活动，可以将自己的需求和愿望传达给政府，推动政府决策更加符合人民群众的意愿和利益。

另外，需要强化公众参与的制度创新。当前，公众参与生态文明建设的途径和方式仍需进一步拓展和完善。在环县，虽然公众参与的途径和方式多样，但大多数人仍习惯于"自上而下"的动员式参与，缺乏"自下而上"的主动式参与。因此，需要加强制度建设，创新公众参与的方式和途径。首先，要拓展公众对政府决策的参与范围，确保公众能够充分表达自己的意见和诉求。其次，要积极探索适合县情的公众参与形式及制度建设，特别是通过立法保障公众参与的权利和利益，确保公众参与能够落到实处并发挥积极效用。

县政府及相关部门应深刻认识，公众参与在生态文明建设中的政治正确性和现实必要性，积极提供公众参与所需的各种条件保障，强化监管责任，努力使广大人民群众成为生态文明建设的积极参与者和推动者，共同为打造美丽中国贡献力量。

【案例 7-3】

固沟保塬筑黄土高原生态安全屏障

"十四五"以来，环县围绕"沟头不前进、沟道不下切、沟岸不扩张"这一目标，把"固沟保塬"工程作为创建山清水秀自然生态的抓手之一全力推进，着力打造黄土高原生态安全屏障。

芦家湾乡盘龙村的群众在 2021 年之前一直面临着一个难题，村部附近的盘龙沟由于沟头上游排水设施不健全，致使沟头不断前进，沟岸不断扩张，掌地逐年减少，道路不断改线，原本是肥沃的掌区台地不断缩减，已建成的羊场等建筑物和周边居民生命财产安全隐患亟须解决。2021 年，县上在多方征求群众和乡村干部意见建议的基础上，向上争取实施了塬面保护项目，涉及 5 个乡镇 6 个行政村 8 条支毛沟，其中盘龙片区主要实施的是排水下沟工程，通过工程的实施保护了沟台掌地，有效防止了沟岸扩张，沟床下切。

位于虎洞镇砂井子村的群众同样面临着这一难题，多年来，由于老虎沟的不断侵蚀，使得沟头和沟岸不断扩张，大面积良田被毁，当地群众的生产生活安全无法得到保障，尤其是新农村附近的一片塬面，由于长时间的雨水冲刷和风力侵蚀，沟头已经扩张到东面的梯田，沟洼延伸到旁边的新农村，沟道下切严重，已经影响到村民的生产生活安全，急需治理。2021 年，水土保持局在多方勘察和充分考虑群众意愿的基础上，选定了老虎沟和车道镇的村部沟作为 2021 年固沟保塬项目的实施地。同年 4 月，项目开工实施。该项目一方面将侵蚀沟沟头作为治理重点，因害设防，集中建设回填固沟、沟头防护等支毛沟治理工程、排洪管渠工程及涝池等小型蓄水工程，以减轻和防止侵蚀沟因沟头前进、沟岸扩张、沟底下切对村庄居民、塬面和道路等造成的危害。另一方面通过建设塬面大型雨水集蓄和排导工程，对塬面径流进行积蓄和调节排导，减轻侵蚀沟排洪压力，削弱塬面径流引起的侵蚀沟发展趋势。

黄土高原塬面保护项目是以习近平新时代中国特色社会主义思想为指导，紧紧围绕生态安全、脱贫攻坚和美丽乡村建设的要求，以有效控制塬面水土流失，提高水土流失综合治理、塬面农业综合生产能力为目标，以解决民生水保问题为重点，提高塬面保护能力而实施的生态水保工程。经过三年的努力，县上共投资 2 338.97 万元，对 16 条侵蚀沟沟头进行了治理，其中已完成治理的沟头 14 条，合计保护塬面面积 57.62 千米^2，2 条在建工程完成后可保护塬面面积 13.33 千米^2，各项目区现有的水保措施年可拦蓄径流 6.2 万米^3，拦截入黄泥沙 31 900 吨。

3. 科技推动

科学技术，作为社会发展的根本动力，无疑是推动人类社会向前迈进的坚实杠杆，同时也是生态文明建设不可或缺的驱动力。实际上，人类的历史实践已然向我们昭示，科学技术具有双重性，即是一把"双刃剑"：一方面，它在强大的开发能力下，对自然资源进行了过度和破坏性的开采使用，这无疑加剧了生态的脆弱和环境的恶化；另一方面，科学技术也在生态保护、资源节约、环境改善等领域，展现出了其无可替代的积极作用，且作用日益显著。

因此，我们必须摒弃传统的科技观念，不再视科学技术为征服和统治自然的利器，而应将其纳入自然、经济与社会可持续发展的整体框架中，发挥其作为生态文明建设的重要科学依据和技术支撑的作用。

环县便是一个值得借鉴的范例。该县注重科学规划，致力于提升资源利用率的关键技术、生产工艺和装备水平，确保每一项技术的选择都能与地形、气候、土壤等自然条件相匹配，选择最适宜的树种和造林模式，从而确保造林效果的最优化。同时，环县还加强了技术指导和培训工作，积极推广先进的造林技术和管理经验，以此提升造林质量和成活率。

此外，环县还着力于提升资源开发和环境保护部门，特别是基层环保部门的人员结构和素质，以适应新时代对生态文明建设的新要求。同时，环县积极组织本地劳动力参与植树造林等生态建设活动，不仅绿了荒山，也让群众获得了实际的经济收益，实现了生态效益和经济效益的"双赢"。

【案例 7－4】

生态扶贫为杨坪沟村脱贫攻坚鼓足后劲

自 2016 年全县脱贫攻坚战打响以来，环县水保局适时将工作的重点与难点放到了建档立卡贫困乡镇，坚持在生态扶贫上持续发力，引领贫困山区奔向脱贫致富。

杨坪沟村是合道镇的一个深度贫困村，全村 301 户 1 195 人中，建档立卡贫困户 164 户 690 人，贫困发生率 58%，贫困面大、贫困程度深是这里的基本村情。2016 年之前，全村梯田总数仅有 2 000 多亩，群众生产要在 10 度以上的坡洼地上进行耕作，庄稼的种收全靠人力和牲畜，艰苦的条件使得村里的青壮年大都不堪重负外出务工。2016 年环县水保局被确定为该村的帮扶单位后，便将脱贫摘帽的重点放到了通过治理水土流失不断改善生态环境，提升群众生产生活条件上。2017—2018 年，环县坡耕地水土流失综合治理工程 2017 年唐塬项目和国家水土保持重点工程 2018 年叶家沟小流域综合治理项目相继在杨坪沟村落地实施。坡改梯，顾名思义就是把不利于保水、保土、保肥的坡洼地通过机械改造成台阶状的梯田，方便种植并提高产量。项目实施期间，水保局不断深化"山水林田路草是生命共同体"理念，针对沟壑纵横、植被稀疏、生态环境极度脆弱的特殊地理条件，以流域坡耕地综合治理为重点，实行耕作措施与生物措施结合的"缓坡兴修梯田，陡坡退耕种草，荒山绿化栽树，配套田间道路工程"的治理模式，累计新修梯田 10 544 亩、造林 11 308 亩、新修田间道路 52.2 千米、封育治理 12 111 亩，使坡耕地变成了"饭碗田"，荒山变成了"聚宝盆"。当地群众张世斌高兴地说："原来 1 亩几分的洼地，一个人收割需要一天，自从水保局实施了机平地项目以后，我们杨坪沟的地基本平整完了，我又买了台收割机，有半小时就收完了这块地。"

治理后的杨坪沟村水土流失治理程度由 10.2% 提高到 60.51%，林草覆盖率达到 29.46%，土壤侵蚀量减少 20.8%，基本实现了"土不下山，泥不出沟，就地拦蓄"的目标。然而，令大家头疼的问题也来了——如何保证群众收入能在现有基础上翻一番，从而达到脱贫致富的目的？村委班子进行了详细研究，于 2019 年春在村上建立了"杨坪沟村苜蓿品种比较种植试验基地"，督促家家户户种上了苜蓿、发展起了草畜产业，仅 2019 年全村种植苜蓿已达 1 800 亩。

如今的杨坪沟村，已由之前苍凉的荒山荒坡演变呈现出了阡陌纵横、绿树成荫、粮丰林茂的新景象，青山与梯田环绕如织，现代农机来去如梭。截至 2018 年底，全村人均纯收入已达到 6 470 元，70% 以上的农户盖了新房或者翻新了房屋，群众脱贫致富步伐不断加快。

三、环县农村生态文明建设的遵循原则及项目实施

推进生态文明建设，是一个系统工程。"规划先行、典型引路"一直是环

县遵循的总体思路与方式。环县各地根据自身的生态环境条件、自然资源禀赋、经济社会发展状况和特色羊产业布局，从不同的角度、层面、领域，进行探索、尝试，在转变经济发展方式，优化产业模式、健全体制机制等方面，取得了诸多重要经验，努力建设美丽环县新征程上的排头兵。

（一）环县农业生态文明建设的遵循原则

近年，环县始终坚持"守底线、抓发展、促振兴"主线，以稳收入（稳政策、稳投入、稳就业）、强弱项（补齐"三保障"和饮水安全及基础建设、公共服务方面的弱项短板）、促提升（兜底保障水平持续提升，"三保障"和饮水安全保障成果持续巩固提升）、开新局（扎实推动宜居宜业和美乡村建设）为目标，把巩固成果同乡村振兴作为最大的政治任务，细化完善"1234"工作思路（即守牢一条底线、聚焦两个提升、突出三个关键、强化四项措施），科学谋划、精准施策、查弱补短、固强提质，全力以赴巩固脱贫成果、促进乡村振兴。

1. 加强生态布局

在坚决守牢不发生规模性返贫底线基础上，实施抗震农房改造 1 272 户；建设农村供水保障工程 6 处，全县自来水入户率达到 55.16%，农村居民住房饮水安全保障水平稳步提升。

2. 抓乡村建设创示范

尊重县情、村情、民情，坚持"因地制宜、示范引领、尽力而为、量力而行"的原则，走好"三步路"，稳步推进宜居宜业和美丽乡村建设。一是集中"谋"。始终把"能不能建成建好、群众接受不接受"作为根本原则，政府不硬定、不包办，一切交给群众说了算，发动群众代表、在外工作人员及"土专家""田秀才"，多轮实地勘探，多次讨论商议，达成发展意向。二是科学"编"。聘请专业规划设计公司，在群众广泛讨论的基础上，编制全县 126 个发展类村庄"多规合一"实用性规划初稿，再交由群众讨论和专家评审，确保规划编制合法合规、合群众意愿。截至目前，126 个发展类村庄"多规合一"规划全部编制完成。三是稳步"建"。紧扣"三线三区"（城镇开发边界、永久基本农田保护红线、生态保护红线；城市空间、农业空间、生态空间），优先创建、示范带动、逐步推进，走小步、不停步，始终把"和"与"美"贯穿起来，倾斜资金资源，年内创建省级示范村 4 个、市级示范村 1 个、县级示范村 7 个。新修村组道路 18 条 105 千米，新建卫生厕所 7 000 座，新建 10 千伏线路 320.83 千米，0.4 千伏线路 244.44 千米。

3. 严管理、抓帮扶

念好"选、管、提、奖、保"五字经，确保驻村工作队住得下、愿干事、会干事。一是在"选"上严把关。持续加强驻村干部的轮换，年内集中开展两次驻村帮扶干部大摸排、大调研、大调整，轮换调整驻村干部 322 人（第一书记 82 人、队员 240 人）。二是在"管"上强措施。坚持集中督查和随机暗访相结合，定期调度和电话抽查相结合，严格落实"日提醒、周通报、月反馈"管理机制，坚决杜绝"挂名驻村""两头跑"等现象发生。通过驻村帮扶"抓点示范"行动，确定 20 个示范村（市级 1 个、县级 1 个、乡级 18 个），创新工作机制，探索管理措施，发挥示范作用。三是在"提"上抓实效。坚持县级集中轮训，年内完成 3 天以上驻村帮扶工作队全员培训 2 期；坚持乡村周例会学习制度和重点人员定向培训，对督查中发现工作生疏的驻村干部，由乡镇总队长进行定向培训，县级总队长定期调阅。四是在"奖"上提信心。进一步完善驻村干部考核奖惩机制，年初召开专题表彰奖励会议 1 次，表彰奖励干部 92 名。在县级层面对驻村期间表现优秀、实绩突出的干部，提拔任用 6 名，职级晋升 6 名，让驻村干部有奔头、有盼头。五是在"保"上强服务。县财政每年对每村列支 2 万元，用于驻村工作队厨师工资，解决驻村干部吃饭问题；把驻村工作队补助和经费纳入"三保"预算，优先保障。明确县级帮扶单位每年从工作经费上列支 1 万～2 万元，支持驻村工作队开展各项工作。

4. 转作风、强引领

结合学习习近平新时代中国特色社会主义思想主题教育与"三抓三促"行动，在全县范围开展了以"六讲、六看、六核、六帮"为主要内容的"走访入户、服务群众"专项行动。一是建强基层组织添活力。坚持把党建引领作为推动乡村振兴的"第一抓手"，不断建强农村基层党组织，以组织强引领乡村全面振兴，整顿提升农村软弱涣散党组织 20 个，调整不胜任的村党支部书记 18 名。探索开展"双好"培树行动（一乡一名好支书、一村一名好党员），培树优秀村党支部书记 23 名，221 个村党组织书记和村委会主任实现"一肩挑"，占比为 87.6%，212 个村实现了"一村一名大学生"，占比为 84.5%。二是激励干部热情增干劲儿。牢固树立"五重"（重品德、重才干、重担当、重实绩、重公认）用人导向，把乡村振兴主战场作为选拔使用干部的主渠道，提拔和进一步使用一线干部 84 名（乡镇干部 66 名），占比为 78.5%，极大地增强了基层干部的工作干劲。三是开展监督检查排风险。持续深化乡村振兴领域作风专项整治，由县纪委监委、组织部抽组 16 人组成 4 个工作组，分赴乡镇、部门开展巡回督导检查，对乡村振兴领域问题线索，一律优先处置，对巡察、审计等有关职能部门移交的线索提级办理，督促相关乡镇、部门制定制度机制，堵塞漏洞，排除风险。2023 年以来，共处置乡村振兴领域腐败问题线索 30 件，立案 7 件，处理 38 人，给予党纪政务处分 7 人，下发纪检监察工作提醒函 66 份，督促整改问题 98 个，通报曝光典型问题 6 件 9 人。

（二）环县农业生态文明建设的项目实践

在积极响应和深入实施国家总体目标的征程中，环县精心策划并详细制定了针对农业生态管理和保护的一系列规划项目。这一举措旨在全面提升农业生态管理的科学化、精细化和系统化水平，同时强化农业生态资源的保护力度，确保农业可持续发展与生态环境的和谐共生。环县的这一规划项目，不仅展现了其对于生态农业发展的坚定决心，更是对未来绿色农业、生态农业的积极探索和实践。

1. 环县庆环循环经济

环县庆环循环系统是一种基于循环经济的生态发展模式，旨在实现资源的有效利用和环境的可持续发展。

环县庆环循环经济模式最早是由甘肃庆环肉羊制种有限公司推行，该公司总部是在一片梯田之上，通过将养羊所用污水二次利用，顺着梯田的层级坡度将污水排放到农田，来实现水资源的节约和保护，是一种将资源利用、环境保护和经济发展相结合的生态发展模式。其目标是通过优化资源配置、提高资源利用效率、降低环境污染等方式，实现经济、社会和环境的协调发展。

环县庆环循环系统的核心内容主要包括资源循环利用、生态环境保护、产业发展与转型升级等方面。通过推广循环经济理念，促进资源循环利用，提高资源利用效率；加强生态环境保护，提高环境质量；推动产业结构优化升级，发展绿色产业和循环经济产业。

为了实现环县庆环循环系统的目标，需要采用一系列关键技术。例如，资源回收与再利用技术、清洁能源技术、节能减排技术、生态修复技术等。这些技术的应用可以有效促进资源的循环利用，降低能源消耗和环境污染。环县庆环循环系统在多个领域都有典型的案例。例如，在农业领域，通过推广秸秆还田、沼气发电等技术，实现农业废弃物的资源化利用；在工业领域，通过建设工业园区、推广循环经济产业链等方式，实现工业废弃物的减量化、资源化和无害化；在城市领域，通过推广绿色建筑、垃圾分类等技术，提高城市资源的利用效率。

环县庆环循环系统的实施取得了显著的效果。通过资源的循环利用和生态环境的保护，有效降低了能源消耗和环境污染；同时，通过产业结构的优化升级，促进了经济的可持续发展。这些效果不仅体现在经济效益上，更体现在社会效益和环境效益上。

未来，环县庆环循环系统仍有很大的发展空间和潜力。为了进一步完善和推广该系统，需要采取以下措施：一是加强宣传教育，提高公众的循环经济意识和参与度；二是加大政策支持力度，为企业和个人提供更多的优惠政策和资金支持；三是加强技术研发和创新，不断提高资源循环利用和生态环境保护的技术水平；四是加强国际合作与交流，借鉴国内外的先进经验和做法，推动环县庆环循环系统的不断完善和发展。

总之，环县庆环循环系统是一种具有创新性和可持续性的生态发展模式，对于促进经济、社会和环境的协调发展具有重要意义。通过加强宣传教育、政策支持、技术研发和国际合作等措施，可以进一步推广和完善该系统，为实现可持续发展目标作出更大的贡献。

2. 环县的植树造林

植树造林是甘肃省庆阳市环县的一项生态工程，旨在改善当地的生态环境和增加绿化覆盖率。该工程采用了多种植树造林方法，包括抗旱造林、封山育林、退耕还林等，种植了多种树种，如松树、柏树、杨树等。在植树造林方面主要做好了以下几个方面的工作。

一是大力推进生态文明建设。环县积极响应国家生态文明建设的号召，将植树造林作为推进生态文明建设的重要举措之一。通过实施重点生态工程、开展全民义务植树等方式，不断增加森林面积和蓄积量，提高森林质量和效益。

二是实施退耕还林还草工程。环县地处黄土高原丘陵沟壑区，生态环境脆弱。为了改善生态环境，环县实施了退耕还林还草工程，将坡耕地有计划、有步骤地停止耕种，按照适地适树的原则，因地制宜地植树造林，恢复森林植被。

三是开展全民义务植树活动。环县积极组织开展全民义务植树活动，号召广大干部群众积极参与，共同为绿化家园、美化环境贡献力量。通过义务植树活动，不仅增强了群众的生态环保意识，也提高了森林覆盖率和绿化水平。

四是加强森林资源保护。环县注重森林资源的保护工作，加强森林病虫害防治、森林防火等工作，确保森林资源的安全和可持续发展。同时，加强对非法占用林地、盗伐滥伐林木等违法行为的打击力度，维护森林生态安全。

总之，环县在植树方面的做法体现了对生态文明建设的重视和投入，不仅改善了生态环境，也为经济社会的可持续发展提供了有力支撑。为了推进植树造林工作，环县政府制定了一系列的政策和措施，如加强组织领导、明确目标任务、落实责任制度、加强资金保障等。同时，还广泛动员社会各界参与植树造林活动，提高全民生态环保意识，形成全社会共同参与的良好氛围。

环县植树造林工程的实施，不仅改善了当地的生态环境，减少了水土流失和土地荒漠化，还提高了土地的生产力和生态功能，为当地经济社会的可持续发展奠定了坚实的基础。

3. 环县生态保护

一是践行绿水青山就是金山银山的理念。环县深入贯彻落实这一理念，坚持生态立县、绿色发展，以巩固国家生态文明建设示范县创建成果为目标，深入打好污染防治攻坚战，全面实施生态治理跃升战，切实防范化解生态环境风险隐患。

二是加强水环境治理。环县注重水环境的保护和治理，通过加强水源地保护、推进水污染治理、实施生态修复等措施，提高水环境质量，保障人民群众饮水安全。

三是推进大气污染治理。环县积极应对大气污染问题，通过加强工业污染治理、推广清洁能源、开展扬尘治理等措施，有效减少大气污染物排放，提高空气质量。

四是加强固体废物管理。环县注重固体废物的减量化、资源化和无害化处理，建立健全固体废物管理制度，加强监管和执法力度，防止固体废物对环境造成污染。

五是实施生态修复工程。环县积极实施生态修复工程，通过植树造林、水土保持、土地整治等措施，恢复生态环境，提高生态系统质量和稳定性。

总的来说，环县在生态保护方面的做法体现了对生态环境的高度重视和投入，通过一系列措施的实施，有效提高了生态环境质量，为经济社会的可持续发展提供了有力支撑。

4. 环县的循环模式是构建"三元双向"循环农业体系

环县作为农牧业生产大县，立足县情实际把抓产业发展、延伸产业链条、补充完善产业链作为主要抓手，全力加快构建"三元双向"循环农业体系。其中，在食用菌产业延链补链环节"勇探索"，持续加快推动种植、养殖业高质量发展的基础上，定向发力食用菌产业，为实现农牧业提档升级探索模式、积累经验。

环县加快太阳能、风能和生物质能源的开发利用，推广节电、节水和资源综合利用技术，积极发展沼气、余热利用、工业固废利用等循环经济，大力推进循环经济发展，提高能源资源利用效率。

5. 环县生态产业

环县立足县域资源禀赋，将草畜产业作为首位产业，全力推进草畜产业转型升级。通过种植紫花苜蓿等优质牧草，推广舍饲养殖技术，建设标准化养殖示范区等措施，草畜产业得到了快速发展。目前，全县羊只饲养量达到312万只，草畜产业产值占农业总产值的比重达到60%以上，成为农民增收致富的主渠道。

环县还积极探索食用菌产业发展，通过建设食用菌生产基地、引进培育龙头企业、推广新技术新模式等措施，食用菌产业得到了快速发展。目前，全县食用菌产量达到1.2万吨以上，产值超过1亿元，成为农业增效、农民增收的新亮点。

综上所述，环县在生态产业发展方面，以草畜产业为主导，同时积极发展食用菌产业等新兴产业，推动了农业产业的转型升级和可持续发展。这些措施不仅提高了农业的综合效益和竞争力，也为农民增收致富提供了新的途径。

6. 环县水资源保护

一是全面开展水源地保护。完成了环县庙儿沟县级饮用水水源保护区和曲子镇东沟、木钵镇乔儿沟、樊家川镇响水淌3个乡镇饮用水水源地保护区矢量图。投资对水源保护工程进行了全面维护修补，及时拆除了二级保护区内的养殖场，消除了环境安全隐患。同时，编制完成了张南湾水库和全县20处"千吨万人"供水工程水源保护区区划方案，进一步规范了水源地管护措施。

二是积极实施水污染防治。投资实施了环县甘牧源奶牛养殖专业合作社废水应急处理项目。同时，紧盯国家投资导向，积极争取中央水污染防治专项资金，拟实施环县流域生态修复与保护（人工湿地）项目，以进一步控制乡镇污水处理厂（站）尾水排放总量，有效减少马莲河上游环江河段污染负荷，实现出境地表水监测断面水质的达标和尾水资源的有效利用。

三是加大环境执法监察和督查力度。通过加强环境执法监察和督查力度，确保水资源保护措施的落实和效果。

7. 环县生态治理

甘肃省庆阳市陇东地区生态保护修复和水土流失综合治理项目环县2023年人工种草和草原改良项目实施。该项目主要采购沙打旺种子10 000千克、紫花苜蓿种子10 000千克、红豆草种子16 000千克；该项目旨在通过种草和草原改良等措施，提高环县地区的生态环境，减少水土流失，提高土地质量，促进当地经济的可持续发展。

8. 环县节能减排和清洁生产

首先，环县积极推进工业绿色低碳发展，通过领导干部联系企业制度，将企业的节能减排和推行清洁生产作为帮扶企业发展的重要内容。该县强化工业投资项目的节能评估和审查，严格控制高耗能项目，加快淘汰落后生产线，以推动企业的绿色转型。

其次，环县还注重提高能源资源利用效率，加快太阳能、风能和生物质能源的开发利用，推广节电、节水和资源综合利用技术。该县积极发展沼气、余热利用、工业固废利用等循环经济，以推进循环经济的发展。

此外，环县还开展了清洁生产评估验收工作，对列入强制性清洁生产的油田企业进行实地考察、现场问答、查阅资料、座谈讨论等方式的评估验收。这有助于确保企业在生产过程中减少污染、提高资源利用效率，实现清洁生产。

综上所述，环县在节能减排和清洁生产方面采取了多种措施，包括推进工业绿色低碳发展、提高能源资源利用效率、开展清洁生产评估验收工作等。这些努力有助于减少环境污染、提高资源利用效率，推动环县经济的可持续发展。

9. 环县林业建设

环县大力实施退耕还林工程，通过政策引导和技术支持，鼓励农民将坡耕地有计划、有步骤地停止耕种，进行植树造林，恢复森林植被。这不仅有助于改善生态环境，还能增加农民收入，实现生态和经济的双赢。

环县的退耕还林工程是一项重要的生态建设项目，旨在通过政策引导和技术支持，鼓励农民将坡耕地有计划、有步骤地停止耕种，进行植树造林，以恢复森林植被，改善生态环境。该工程在环县境内涉及 21 个乡镇、160 个行政村，规划退耕还林总面积 102.6 万亩，其中退耕地还林 40.2 万亩，荒山造林62.4 万亩。

在实施退耕还林工程过程中，环县坚持生态优先、科学规划、因地制宜、分类指导的原则，注重生态、经济、社会的协调发展。通过政策引导、资金扶持、技术服务等措施，鼓励农民积极参与退耕还林，同时加强工程管理，确保造林质量和成活率。

退耕还林工程的实施，不仅有效改善了环县的生态环境，减少了水土流失，还增加了农民的收入来源，促进了农村经济的发展。同时，退耕还林工程也为环县的生态建设和可持续发展奠定了坚实的基础。环县被列为全省耕地轮作休耕试点项目县后，陆续选择了生态破坏较为严重区域的 5 万亩农田，实施以连续三年休耕为主的轮作休耕试点，从而提高耕地肥力，实现藏粮于地，确保急用之时粮食能产得出、供得上。

环县洪德镇的李塬、大户塬、肖关三个行政村，耕地面积近 2.5 万亩，这里年降水量 300 多毫米，蒸发量却超过了 1 600 毫米，干旱缺水，土地贫瘠，庄稼成活率低，属于典型的旱塬山区贫困村。对于轮作休耕的土地，政府每亩补助 500 元，相比之下，农民可以抽身务工或者从事其他活计，不仅培肥了地力，还实现了收入增加。为了确保休耕措施落实到位，环县坚持由中标农民专业合作社统一组织实施，县农技中心和农户进行监督。同时，还建立了 200 亩耕地休耕核心示范区，分别布设休耕模式、绿肥作物筛选等试验。

10. 环县三北防护林建设

环县作为三北防护林体系建设的重点区域之一，积极推进防护林建设。通过科学规划、合理布局、精心组织，大力营造防风固沙林、水土保持林和水源涵养林，有效提高了区域生态防护能力。同时，环县还注重发挥乡村的主体作用，实施"一村万树"工程，引导村民在房前屋后、道路两侧、村庄周围等地植树造林，形成了"村在林中、院在绿中、人在景中"的美丽乡村景象。此外，环县还针对毛乌素沙地等沙化严重的地区，实施防风固沙屏障建设项目。这些项目计划实施林草生态治理数百万亩，投资数亿元，主要栽植耐旱树种，如油松、山桃、旱柳等，并配套应用抗旱造林技术，以有效发挥防风固沙、保持水土、涵养水源的作用，促进生态环境的持续改善。总的来说，环县三北防护林工程的实施，不仅改善了当地的生态环境，还促进了经济的发展和农民收入的增加，为环县实现生态宜居、产业兴旺、乡风文明、治理有效、生活富裕的乡村振兴目标奠定了坚实的基础。

11. 环县国土绿化试点示范

环县还积极参与国土绿化试点示范项目，通过实施荒山造林、封山育林、退化林修复等措施，全面提升国土绿化水平。这些项目不仅美化了环境，还促进了环县林业产业的发展。

环县是庆阳市国土绿化试点示范项目实施的主战场，规划建设任务为19.33万亩，占全市总任务的62.5%。项目建成后，将进一步完善环县防风固沙生态体系，有效阻拦毛乌素沙漠南侵，保护合道川淡水资源，增强县城绿色屏障。在环县国土绿化试点示范项目中，人工造林工程是其中的一个重要部分。例如，环县洪德镇2023年的国土绿化试点示范项目人工造林工程预算金额为242.875 5万元，计划造林3 433亩。总的来说，环县国土绿化试点示范项目的实施，对于改善当地生态环境、促进经济发展、增加农民收入等方面都具有重要的意义。

12. 环县城市生态空间保护

首先，制定保护措施。一是加强生态空间规划和管控。制定科学的生态空间规划，明确生态空间的保护范围、目标和措施，加强生态空间的用途管制，严格控制生态空间的开发强度和利用方式。二是推进生态修复和环境治理。针对生态空间受损和退化的问题，采取生态修复和环境治理措施，如植树造林、水土保持、水环境治理等，提升生态空间的质量和稳定性。三是加强生态空间监管和执法。建立健全生态空间监管体系，加强对生态空间开发利用活动的监管和执法力度，严厉打击违法违规行为，确保生态空间得到有效保护。四是提高公众生态环保意识。加强生态环保宣传教育，提高公众对生态空间保护的认识和意识，引导公众积极参与生态空间保护活动，形成全社会共同参与的良好氛围。

其次，树立保护原则。第一，坚持人民至上。要始终坚持人民立场，把提高生态环境质量，提升人民群众的获得感、幸福感、安全感放在工作首位。第二，坚持自信自立。要始终保持道路自信，站在人与自然和谐共生的高度谋划发展，坚定走生产发展、生活富裕、生态良好的文明发展道路。总之，环县城市生态空间保护需要政府、企业和公众共同努力，采取多种措施，加强规划、监管、修复和宣传等方面的工作，确保生态空间得到有效保护和可持续利用。

13. 环县山水生态空间的保护治理

一是加强对环县干旱山区生态环境治理的研究与探索，寻找出一条切实可行的综合治理措施，通过一切有效途径进行治理。二是采用人工措施与生物措施相结合的办法进行综合治理。培育出抗旱能力强、根系发达、生长快、适应性强的乔木、灌木、牧草品种，进行人工栽植种植，提高整个植被覆盖度，加快生态环境建设步伐。三是对土地进行集约化经营。杜绝粗耕滥种、乱开滥挖，保护植被，美化环境。四是实行封山禁牧、舍饲养殖。彻底改变长期以来形成的野外放牧、破坏植被的恶习。五是排查整治河湖及沿岸生态环境问题。重点排查非法采矿挖砂、侵占河道、非法养殖和私设排污口或排污口超标排放等问题。

保护治理环县山水生态空间需要政府、企业和公众共同努力，采取多种措施，形成合力，才能实现生态环境的持续改善和可持续发展。

四、环县生态保护的评价、影响因素及措施

（一）环县生态环境评价依据

根据 2021 年中央 1 号文件《中共中央、国务院关于全面推进乡村振兴加快农业农村现代化的意见》《国务院关于促进乡村产业振兴的指导意见》《国务院办公厅关于加快转变农业发展方式的意见》等的指导思想、发展布局，立足环县资源基础，遵循《全国农业可持续发展规划（2015—2030 年）》《甘肃省推进绿色生态产业发展规划》、庆阳市相关产业政策以及《环县生态保护红线划定方案》《环县规模化畜禽养殖场禁养区限养区划分方案》等发展肉羊产业的要求，进行评价。

（二）环县生态环境影响因素分析

肉羊养殖过程中，将产生一定量的噪声（饲料运输与加工设备等产生的噪声）、废气（主要是粪尿产生的臭气）、废水（办公生活产生的少量污水）、固体废弃物（羊舍排放的粪便、残渣废料、防疫药瓶药盒等固体废弃物及办公生活垃圾等）等有机污染物。加工过程中主要来自肉羊屠宰与乳品加工工序中冲洗废水、生活废水等。

本着减量化、无害化、资源化的处理原则，根据《畜禽养殖污染物排放标准》《恶臭污染物排放标准》《工业企业厂界环境噪声排放标准》等要求，产生的污染均采取相应环保工程措施进行控制，可将对周边环境的影响降至最低。

（三）环县生态环境保护措施

坚持统筹规划、合理布局、保护环境、造福人民，实现肉羊产业与安全健康、节能环保协调发展。执行环境影响评价制度和节能评估审查制度，加强项目环保评估和审查、节能评估和审查。加强建设环保设施"三同时"制度。建设和运营过程中优化废弃物处理工艺，控制废气排放，杜绝将产生的废弃物随意堆放和非正常排放，确保满足环境管理相关要求。

1. 废气处理

保持羊舍空气畅通，冲淡臭气浓度，减少空气污染；运用新型环保饲料和防臭剂减少臭气对环境的污染；及时对羊舍进行清扫和消毒，减少臭气的产生与聚集；对于防疫用药品的运输、管理和使用，应当使用密封容器，严格规范操作，减少臭气的排放。

2. 噪声污染防治

饲草料加工使用的设备购置时要将噪声等级作为一项技术参数来考虑，尽量选择使用噪声等级小的先进设备。对于单机噪声较大的机械设备应采取相应的消音、隔音处理，降低噪声对周围环境的影响。

3. 粉尘处理

在饲料运送和加工过程中，凡有扬尘和粉尘产生的部位均安装高效防尘设备，保证设备所有接口密封良好，使空气中含尘浓度不超过国家规定的标准。

4. 固体废弃物的防治及利用

羊舍排出的粪便采用干粪清理法进行及时清理收集，运送到堆肥场经高温堆积发酵，制作有机肥料；残渣废料拌入羊粪堆沤熟化处理；对于病死畜尸体，在规定区域直接焚烧、消毒、深埋，进行无害化处理；畜禽防疫检验产生的固体废弃物，属于医用垃圾范畴，设置专用垃圾箱，进行定期清运和无害化处理；办公生活垃圾设置垃圾箱，集中地点堆放，专人管理、清扫、消毒。

5. 污水处理及综合利用

屠宰与乳品加工排放污水须进行严格处理，利用已建成污水处理池进行处理。屠宰产生污水主要为生产污水（包括冲淋污水、胴体冲洗污水、内脏清洗污水、车间地面、刀具清洗水）和生活污水；乳制品加工采用先进的生产工艺和设备，污水污染程度较同类企业较轻，污水量少，污水处理系统完全可满足项目需求。

（四）环县生态环境保护工程

坚持质量兴农、绿色兴农，加快推进农业由增产导向转向提质导向原则，按照"生态优先、种养交叉、物质循环、产业融合"的思路，大力推进草羊业绿色循环发展。

一是加强养殖污染防治。全面落实养殖污染防治措施，养殖合作社全面配套建设堆粪场、发酵池等设施，企业所属大型养殖场统一配套集污池、堆肥场、有机肥加工车间等治污设施，实现粪污全部规范收集、场舍雨污全部分流、病死羊只全部无害处理。二是做好种养循环转化。引导养殖户将养殖粪污堆晒发酵腐熟，进行还田作业，逐步提升地力，种植有机牧草。依托养殖企业、合作社、大型养殖场等经营主体建办一批生物有机肥加工厂，进一步延长草羊业链条，加工生物肥，推动小杂粮"三零"有机种植基地持续发展壮大。通过农户种养封闭循环和生物有机肥厂带动区域循环两种方式，确保畜禽粪污资源化利用率达到 85% 以上。三是建设一批重点工程。例如，洪德镇的企业建设的有机肥厂项目，主要建设有机肥厂 1 处，建设生产有机肥 6 万吨生产加工线，配套相关设施设备，开展有机肥加工。全县 20 个乡镇的企业、专业合作社建设 200 个粪污资源化利用重点项目，主要根据畜禽养殖场户规模大小，配套建设雨污分流、堆粪场、堆肥发酵池等设施设备，实现粪污资源化利用；在示范区实施雨污分流及粪污资源化利用。

第八章
发展新质生产力　创新机制保羊链

实施乡村振兴战略，是推动农业农村与国家同步实现现代化、顺应亿万农民对美好生活向往的必然要求。全面推进乡村振兴、加快建设农业强国，是党中央着眼于全面建成社会主义现代化强国而作出的重大战略部署。2023 年 9 月，习近平总书记在黑龙江考察时首次提出"新质生产力"，强调整合科技创新资源，引领发展战略性新兴产业和未来产业，加快形成新质生产力。新质生产力区别于传统生产力，特别是在科技持续突破创新、产业不断升级发展的当下，其涉及领域新、技术含量高、知识密度大，成为生产力发展的新形式、新质态。以数字化创新为核心，连接农业现代化与前沿技术，实现对乡村发展全要素的深度整合，是新质生产力赋能乡村振兴的重大举措。

近年，环县紧抓"乡村要振兴、产业必振兴"的理念，围绕羊产业链高质量发展的决策部署，建立"县上统一指导、部门协力配合、乡自全面落实"的工作机制，各相关部门对标职能密切配合，乡镇肉羊产业全产业链绿色循环发展专责工作组专抓落实，全面靠实各级干部责任，形成全县上下齐抓产业、共谋发展的合力。牢固树立"集中财力办大事"的思想，紧盯国家和省、市产业投资导向，积极对接争取上级项目资金，力争国家现代农业产业园、产业集群、产业强镇等重大项目落地实施。对照工作任务按月排出督查时序，定期对标督查，发现问题及时督促整改，确保各项工作任务落实落细。以此全面推进肉羊产业高质量发展，把发展肉羊产业作为农民增收、乡村产业振兴的重要举措，打出扶持政策组合拳。

一、凝心聚力共谋发展新篇

（一）协调联动聚合力

为贯彻党把方向、谋大局、定政策、促改革的要求，加强党对经济社会发展的领导，环县把推动羊产业蓬勃发展作为撬动经济社会高质量发展的关键一环，按照"县委领衔、专班推进、合力攻坚"的思路，围绕"打造全省草羊业高质量发展第一县"目标，以羊产业和草产业及相关产品加工为主攻方向，不断完善和延长产业链，旨在打造国内一流良种羊繁育生产基地，培育百亿元级产业集群。为了实现各部门之间协调联动，环县县委、县政府从制定政策、构建机制、完善格局等方面着手，建立健全了协调联动保障机制。

1. 顶层设计

环县县委、县政府为实现羊产业发展创造性转化、创新性发展提供遵循，同时也为全县推动产业融合战略明确路径，制定颁布了《环县国民经济和社会发展第十四个五年规划和二〇三五年远景目标纲要》《关于促进羊产业健康稳定发展的十条建议》及《关于完善联农带农机制靠实政企社村户责任促进羊产业提质增效的实施意见》等文件。通过总体规划，充分布局，加强规划管理和衔接协调，各部门、各乡镇、各企业按照责任分工，各归口再进行细化制定相关实施办法，确保各项规划实施的法治化和科学化，以责任落实倒逼工作落实。

2. 总体规划

环县县委、县政府坚持以工业化思维发展农业，编制了《环县现代肉羊产业发展总体规划》，建立"县上统一指导、部门协力配合、乡镇全力落实"的工作机制，县畜牧局牵头统筹协调，发展改革委、财政、扶贫、农业农村等部门统筹谋划安排项目资金，组织、编办、人社等部门协力做好"三级服务体系"制度化建设，其他各相关部门对标职能密切配合；并成立羊产业收售协调服务专班，抽调专干在金羊大厦和中盛食品厂集中办公、全天候值守，负责对接屠宰交售计划，确保交售屠宰有序开展。及时协调处理收集屠宰过程中出现的各类矛盾问题，兼顾各方利益，确保市场公平公正。各乡镇由书记、乡镇长牵头，成立相应的工作专班，确定专门人员，全力抓好羊产业扩规模、收订单、定向售等各项工作，确保养殖户增收、合作社增效。各级干部自上而下层层落实责任，形成全县上下齐心抓产业、共谋发展的合力。

3. 县级主导

环县县委、县政府紧盯国家和省、市产业投资导向，积极对接争取上级项目资金，力争国家现代农业产业园、产业集群、产业强镇等重大项目落地实施。坚持把项目向专业乡、专业村倾斜，资金向种草养羊统筹，把有限的资金集中用于草羊业发展各项任务落实上。各项政策的出台落地，极大地提振了养殖企业扩能增养的积极性和信心，政策激励效应凸显，大大提振了羊产业长远发展的信心，进一步提高了养殖场户克服困难、抵御风险的能力，强有力地驱动了羊产业持续健康发展和产业链条的升级。

4. 乡镇统筹

乡镇党委政府负责本辖区羊只收售的各项工作,支持有条件的合作社转型育肥,积极动员养殖大户开展自主育肥;择优确定育肥合作社、育肥大户和湖羊母羔、淘汰羊只专门收购点,做好协调服务和组织保障,确保按期完成交售任务;严格审核相关资料并及时兑付奖补资金;监督管理产业指导员,建立激励竞争机制,实行优胜劣汰;对育肥合作社户羊源、财务进行监管。各行政村负责政策宣传、上传下达,因地制宜大力发展种植和养殖产业,把产业发展基础打牢,各村委鼓励引导扩大养殖群体和养殖规模,让乡村产业活起来,组织做好自产羊只交售、羊只收售和疫病防控监管,完成任务让广大群众通过产业兴旺致富。各养殖户积极学习养殖技术、疫病防治技术,对照羊只交售标准,向育肥合作社、食品厂交售更多更好的优质羊羔。杜绝突击精料饲喂、售前大量饮水等投机行为。在这些措施中,群众不仅仅是受益者,更是参与者。环县坚持一切从群众利益出发,注重农村群众主体作用,由以往的"干部干、群众看"到"群众干、党员干部率先垂范",充分把群众的积极性调动起来,让老百姓尝到甜头,民心得到聚集,在羊产业发展这个大熔炉中,助力乡村振兴各项工作扎扎实实在基层中生根发芽。

任何事情的高质高效完成,都离不开健全完善的闭环管理机制,环县人民政府积极探索,从一开始的"单打独斗"变为"部门联动",坚持重点工作项目化推进,从谋划、实施到落地,打造全流程闭环体系,明确各部门职责分工,加强过程监督管理,强化对各环节责任主体的约束,杜绝项目管理存在"真空"状态,创新形成了权责明晰、环环相扣的管理模式,助推重点工作按节点高质高效完成,让羊产业发展事半功倍,摸索出属于自己的特色的羊产业发展乡村振兴之路。

(二)经费保障添动力

环县人民政府坚持把羊产业发展作为财政优先保障、优先支持的重点领域,坚持以产业增效、农民增收为中心,积极优化结构、盘活存量、加大投入。由县财政综合事务中心负责,金融单位配合,通过贷款融资方式,筹资1.5亿元规模的资金池,用于壮大羊产业规模,支持羊产业发展,持续推进羊产业发展向规模化、集约化转变。

1. 设立"金羊供应链贷",保障产业发展

环县县委、县政府启动"基金撬动、银社联结、以羊定贷、购羊放贷、售羊还贷、封闭运行、多方共赢"的"金羊供应链贷",向县中小企业融资担保有限公司注资 3 000 万元。立足环县实际情况,全面实施金融"四大工程",为县域经济发展注入金融"活水"。在此基础上,研究出台《关于金融助力草羊产业高质量发展的实施方案》，成立县政府主要领导任组长，相关县级领导任副组长，县直有关单位、金融机构主要负责人为成员的工作领导小组，全力推动金融服务升级。在全县设立金融服务网点 55 个，村级服务站点 251 个，逐村选派了金融助理员，实现了金融业务不出村，为扎实推进小额信贷工作奠定了坚实基础。这种创新服务模式，不仅化解了金融风险，也实现了金融支持与产业发展的良性互动。

2. 简化贷款程序，助力效能提速

环县县委、县政府坚持精准授信，建立合作社和农户信用档案，打造"信用身份证"，将农户数据入库，优先投放脱贫人口小额信贷，依据养殖规模、订单收购政策执行、向中盛食品厂交售数量等因素对育肥合作社、农户授信。资金实行封闭运行，仅限于羊只收购，实行转账支付。贷款期限为五年，每年至少归还信贷本金的 20%，确保五年内还清本金。育肥合作社完成年度屠宰交售任务，县财政按规定给予全额贴息，完不成任务不贴息。未落实订单收购政策的不奖补、不贴息。各项细则做到了"政策有效衔接，需求应摸尽摸，资金应贷尽贷，利息应贴尽贴"。

3. 完善贷款政策，实现"金融活水"

确保环县设立了由农行、信用社、兰州银行一次性授信育肥资金贷款额度3 亿元，贷款期限 3～5 年，对县内养殖企业、合作社一次授信，滚动使用。一是支持育肥场满负荷收购断奶羔羊，通过交售育成羊扣款还贷，同时使用乡村振兴衔接资金，对育肥场流动资金贷款进行贴息补助，按照第一年 80%、第二年 75%、第三年 70% 的标准，连续贴息 3 年。二是支持返乡大学生承包经营千只湖羊养殖示范社，按照最低 50 万元流动资金额度授信贷款。三是支持合作社、家庭农场扩大规模，按照 10 万～30 万元授信贷款。坚持把加强监管贯穿始终，全面压实乡镇部门责任，全链条做好小额信贷用途管制，确保贷款全部用来巩固成果、发展产业。通过"金融活水"持续滴灌，解决环县脱贫人口贷款难、贷款贵的问题，助推草羊产业稳定持续发展，带动脱贫群众稳定增收，推动形成脱贫人口小额信贷工作"贷得到、用得好、收得回、可持续"的良好局面。

4. 各层级协同联动，规范保险兜底

县财政局负责申请落实中央、省财政补贴资金和县级财政补助资金预算工作，进行资金拨付、结算和监督检查；会同县畜牧兽医局确定政策性农业保险经营模式，指导全县政策性养殖保险工作，及时拨付政策性农业保险县级财政配套补贴资金。县畜牧兽医局负责养殖业防灾体系建设和技术指导服务，相关部门结合本职工作指导各乡镇开展保险工作，并组织对保险承保数量进行验收、核实，确保工作真实有效。各乡镇作为实施主体，成立领导小组，明确职责分工，组织乡镇干部、村"农金室"工作人员积极行动，对本辖内所有养殖品种分类进行全面摸底，并对各村下达具体工作任务，全部进行投保，确保全县保险做到全覆盖。充分发挥村级产业指导员的作用，由乡镇每村确定1名产业指导员协助完成承保、核查及理赔相关业务；各乡镇农业农村综合服务中心在肉羊、肉牛、育肥猪承保过程中严格按照乡政府提供的投保清单，及时向农户提供耳标号并负责打耳标工作。承保公司不断增设农业保险服务网点，充分利用保险扶贫工作站、"农金室"等机构，将农业保险服务机构延伸到乡镇和村组，发挥网络、人才、管理、服务等方面优势，健全农业保险基层服务体系建设，为广大人民提供方便快捷和优质高效的承保理赔服务。将保险服务终端全面延伸到村，由乡镇、规模养殖场自主择优选择农业保险承保机构，持续落实养殖保险财政补贴政策，保障产业可持续发展。根据调研数据显示具体投保措施有：一是肉羊成本保险。保费28元/只，保额700元，脱贫户保费财政补贴90%，其他投保人保费财政补贴80%。二是湖羊基础母羊保险。保费50元/只，保额1 000元，脱贫户保费财政补贴100%，其他投保人保费财政补贴80%。三是奶山羊保险。保费350元/只，保额7 000元，保费财政补贴80%，这些政策于长远上、根本上缓解羊价周期波动。

（三）社会保障强定力

产业的发展是为了经济增收，需要社会保障来抵御各类风险，两者相辅相成。环县通过多元的社会治理创新加强农村社会建设，消除低收入人口参与经济社会发展的制约因素，提升环县人民在产业发展中的获得感和参与乡村振兴的内生动力。坚持基础先行，以补齐传统基础设施和配强新型基础设施为重点，全力打造更加结构优化、集约高效、经济适用、智能绿色、安全可靠的现代化基础设施体系，不断增强服务支撑保障能力。加强农村基层组织建设和社会建设，增强低收入人口的社会联结。

1. 联通交通网络，完善基础设施

高效便捷的交通是撬动城市发展、拉动当地产业经济的重要杠杆。近年，环县抢抓机遇，加快推进重点交通项目建设，完善公共交通路网，利用高铁高速通车拓宽发展面，便利城乡居民出行，推动乡村振兴，全力构建综合交通枢纽。银西高铁、银百高速和G341二车公路相继通车运行。如果说高铁的开通在环县交通网上具有里程碑的意义，那么高速的通车就是环县交通版图上浓墨重彩的一笔。环县经济交通条件的进一步改善，为四方游客、当地居民出行旅游提供了更多可能性，也为环县旅游开发带来利好。为了加快环县旅游业和羊产业高速发展，高速服务站不断"延伸"服务，以环县南收费站和甜水堡收费站为主打造"金苹果"女子班组和"八棵树"标兵班组，竭力打造高速服务新形象。在国道 G211 线实施县城过境公路改线工程，有效缓解城区交通压力。实施 G341 国道二十里沟口至华池段工程，打通县境东西通道。在调研访谈中，农户最常提到一句话就是"村里的路修好了，变化很大"，农村道路的硬化极大程度上方便了群众出行和生产生活条件。

2. 提升服务供给，兜底基础保障

众所周知，环县干旱少雨，具有十年九旱、年年干旱的特点。境内水资源短缺，沟谷河水苦咸，当地群众生活用水极端困难，以往每逢缺水时期多采用人拉驴驮、融雪化水等方式度过水荒。近年，环县政府为助力全县脱贫攻坚，让人民群众喝上"幸福水"。建成投用甜水堡调蓄水库。继续加大饮水安全巩固提升建设，新建一批供水工程，延伸农村集中供水范围。提升改造一批城乡供水工程，配套完善千人以上工程水处理设备、消毒设备及调蓄设施。因地制宜，采用沟道提水、收集雨水、饮用水源（机井、扬黄水）进行改扩建，解决产业发展用水与人饮矛盾问题，全面提高供水保障能力。落实严格的水资源管理制度，深入开展节水行动，积极推进水价改革，提升水利信息化管理水平。同时，环县探索县城供热新模式，实施南区集中供热扩建、北区集中供热热源厂改造、旧城区集中供热工程（二期）、南区集中供热管网延伸等工程，保障县城居民供热需要。实施气化环县项目，力争县城和沿川主要乡镇用上天然气。推进农村电网改造升级工程，加快农村配变容量扩容，新建 110 千伏线路和 35 千伏线路，提升农村居民供电质量。

3. 建设新型设施，抢抓发展机遇

环县近年抓牢新产业、新业态、新模式的发展窗口期，加快编制新型基础设施建设专项规划。弥补乡村 4G 信号弱通信区域，实施县城及乡镇重点区域 5G 网络建设，加快 5G 产业培育。推广新能源汽车，配套建设充电桩、换电站等设施。推动网络生活化，提高物联网新兴业务服务能力，搭建人工智能产业平台和产业互联平台，推动智慧交管、智慧帮扶、数字乡村、智慧教育、智慧环保、智慧水务和智慧医共体等政务应用场景建设，以信息化培育新动能、用新动能推动新发展。坚持以人民为中心，将财力向民生领域倾斜，不断健全公共服务体系，提高社会保障水平，扎实推动共同富裕，不断增强群众获得感、幸福感、安全感。

4. 推进城乡教育均衡发展

百年大计，教育为本。近年，环县始终以办好人民满意的教育为目标，抢抓机遇，攻坚克难，教育投入逐年增加，硬件设施大为改观，师资队伍不断壮大，内部管理逐步规范，教育质量稳步提升，全县教育呈现出良好的发展态势。注重增强学生文明素养、社会责任意识和实践本领，加强青少年身体素质和心理健康教育，促进全面发展。从"有学上"到"上好学"，教育优先发展战略深入落实，全县教育公共服务水平和教育治理能力不断提升，现代化教育体系进一步完善；从"全面普及"到"优质均衡"，持续深化基础教育综合改革，各项有针对性、有实效的政策措施创新推进、落地落实深化教育改革，落实公平教育举措，合理配置教育资源，优化教育布局调整，将优质教育资源向农村倾斜，推动城乡义务教育一体化发展。推进普惠性学前教育，均衡发展义务教育，特色发展高中教育，融合发展职业教育，积极培养技术技能人才，为全县产业持续发展提供人才支撑。

5. 提升医疗水平，建设健康环县

环县积极落实国民健康各项政策，切实织密国家公共卫生防护网。建立稳定的公共卫生事业投入机制，推动"医保、医药、医疗"三医联动，提高医疗服务水平。积极落实中小学健康促进、妇幼健康促进、职业健康保护、老年健康促进等专项行动，加强重点传染病、重点地方病防控。实施健康服务体系建设工程，提升县级医院基本设施、医疗设备和医务人员配置水平。改善疾控基础条件，完善公共卫生服务项目，强化基层公共卫生体系。加快中医药传承创新发展，完善计划生育服务管理，完善疾病预防控制和重大疫情防控救治体系，建立健全分级、分层、分流的传染病等重大疫情救治机制。深入开展爱国卫生运动，普及健康知识，引导人民形成良好的行为和生活习惯。

6. 推进就业创业，健全民生保障

环县积极落实"稳就业""保就业"政策，持续推动大众创业、万众创新，创造更大市场空间和更多就业岗位。积极建立多渠道灵活就业、网络就业创业、外出就业和回乡创业等支持政策，扩大就业容量，提升就业质量。加强对失业人员的动态管理，确保零就业家庭动态清零。努力规范就业培训，完善城乡劳动者职业技能培训政策和组织实施体系，加大对高校毕业生就业扶持力度，扩大公益性岗位安置。积极引导农村劳动力转移就业，构建和完善"技能培训—技能鉴定—职业介绍—实现就业"的一体化服务体系。鼓励创业带动就业，提升创业培训实效。幼有所育、老有所养是千千万万家庭关切的"家事"，所以在养老方面环县发展普惠性养老服务和互助性养老，支持家庭承担养老功能，构建居家社区机构相协调、医养康养相结合的养老服务体系。逐步提高企业和机关事业单位退休人员基本养老金标准，提高企业职工基本养老保险，提高城乡居民医保财政补助标准。促进妇女全面发展，保障妇女儿童合法权益。持续做好退役军人思想政治、管理保障和安置优抚等工作，褒扬彰显退役军人为党、国家和人民牺牲奉献的精神风范和价值导向。加强社会救助体系建设，积极落实城乡低保、特困人员救助供养、临时救助、孤儿、事实无人抚养儿童基本生活保障等民政政策。健全老年人、残疾人关爱服务体系和设施，完善社会福利、慈善事业、殡葬管理、流浪乞讨等制度体系。

二、机制健全确保常态长效

(一) 宣传机制增活力

由环县县委宣传部牵头负责,充分利用电视、网络、报刊、宣传栏、微信群等媒介,大力宣传肉羊全产业链扶持政策,引导群众竞相参与发展。融媒体中心深入挖掘专业村、示范合作社(企业)、养羊户等典型场户进行示范引领宣传,确保学有榜样、行有方向,全县自上而下一条心广泛宣传政策。

1. 拓宽宣传渠道,创建特色品牌

2006 年 10 月,在第二届中国餐饮业博览会上,"环县羊羔肉"荣获"中国名宴"称号。2013 年 12 月,农业部批准对"环县滩羊"实施农产品地理标志登记保护。2014 年 3 月,"环县羊羔肉"地理标志证明商标通过国家工商行政管理总局商标局注册。2015 年,"山童牧歌"系列陇东黑山羊产品被认证为绿色食品 A 级产品、有机产品,荣获第 16 届中国绿色食品博览会金奖。2019 年 9 月,在第 16 届中国羊业发展大会上,"环县羊羔肉"荣获全国十佳羊肉品牌第一名;10 月,"环县滩羊"入选国家地理标志农产品保护工程项目。2020 年 1 月,在中国绿色农业发展年会上,环县羊羔肉被评选为"全国绿色农业十佳畜牧地标品牌";11 月,"环县羊羔肉"成为第五届中国农业(博鳌)论坛指定产品。2022 年 9 月,在世界地理标志品牌分销服务大会上,环县羊羔肉被授予质量信誉优秀品牌。2023 年 5 月,在 2023 年世界品牌莫干山大会上,中国品牌建设促进会联合有关单位共同发布"2023 中国品牌价值评价信息",环县羊羔肉荣登区域品牌(地理标志)百强榜第 67 位;同时,环县被中国国家品牌网命名为"品牌产业园示范基地"。通过持续加强与新华社、中央电视台等顶级主流媒体合作,统筹实施"环县羊羔肉品牌十大宣传活动",已成功成为第 31 届世界大学生运动会(成都)羊肉产品供应商,助推品牌价值达到20 亿元以上。联合中央重点宣传媒体,如《人民日报》、新华社、中央电视台、中国新闻网、《经济日报》等报道宣传环县羊产业 200 多次,荣登全国十佳羊肉品牌榜首,被中国品牌建设促进会评估品牌价值 52 亿元,先后荣获第四、五届中国农业(博鳌)论坛上榜品牌、全国绿色农业十佳畜牧地标品牌、2022 地理标志产业质量信誉优秀品牌,列入国家体育总局训练局"国家队运动员备战保障产品",环县羊肉羊奶产品进入人民大会堂管理局试用。"中盛环有"品牌荣获中国牛羊行业新锐品牌称号,名列甘肃百家"甘味"获奖品牌;"山童牧歌"系列陇东黑山羊产品获得中国绿色食品博览会金奖,环县羊产业知名度逐年提高,"环县羊羔肉"畅销国内 25 个城市,出口阿联酋,羊肉产品年出口创汇 2 000 万元。当地企业伟赫乳业生产的甘慕"酸羊奶""纯羊奶"

"羊奶粉"等系列产品畅销西安、兰州、北京、广州、深圳等地，被中国国际贸易促进会列为国货出海优选品牌。在 2022 年 7 月 19 日，环县羊羔肉高铁冠名列车首发仪式在银西高铁银川站举行，首列环县羊羔肉冠名"和谐号"专列 G3189 号，从银川始发，途经庆阳、西安、郑州、合肥等城市，驶往杭州。G3189 号高铁列车每日往返宁夏、甘肃、陕西、河南、安徽、浙江六省、自治区，地域穿插，联动全国，以日行千里的中国速度为环县羊羔肉品牌赋能，成为一张靓丽的"流动名片"。环县羊羔肉品牌专列采用车身加车内广告的冠名方式，车身彩贴、车内座椅头巾、海报、显示屏、语音播报等多种形式，全方位、立体式进行环县羊羔肉品牌传播，将环县羊羔肉的金字招牌推出西北，走向全国，"羊"名天下。

2. 宣传先进典型，创新特色引领

环县提出并实施了"七个一"羊羔肉品牌推介行动：聘请国家级合作团队、谱写一首环县羊歌、拍摄一部宣传片、刊登一批国家级平台广告、装扮一列品牌专列、举办一届羊肉美食节、建好一座"中国羊肉养生美食城"，致力于不断提升"环县羊羔肉"品牌影响力和品牌价值，打造环县宣传新名片。宣传典型人物，发挥示范带动作用。2016—2022 年，中央电视台综合频道《焦点访谈》栏目先后五次来到环县采访，持续关注八珠乡白塬村特困户郑九林一家的脱贫经历。2022 年 11 月 18 日播出的《老郑家的"羊"关道》，以郑九林通过养羊致富的故事，聚焦环县"众口一词念羊经、一心一意兴羊业、千家万户发羊财"的羊产业发展历程。之后，中央电视台农业农村频道《乡村演说家》摄制组走进环县，邀请陈建军、姬永锋、张治文三位农民，用真实质朴的语言分享了他们的养羊故事。在 2023 年 3 月 11 日，中央电视台新闻频道《两会你我他》栏目以《甘肃环县：返乡创业新"羊倌"，电商闯出"羊"关路》为题，报道了环县"85 后新羊倌"刘国宁通过电商销售环县羊羔肉、年销售额突破一亿元大关的创业故事。这些事迹的报道提高了环县羊羔肉的影响力和品牌价值，使环县成为真正的羊业兴、就业稳、百姓富、环境美、人心顺的"中国羊谷·善美环州"。

3. 拓展销售市场，展示品牌魅力

环县深入推进羊产业高品质品牌化发展，使包括环县羊羔肉在内的"环乡人"农产品区域公用品牌入围甘肃"甘味"肉羊产业品牌集群，奋力创建"甘味"羊肉品牌环县示范基地，通过实施系列宣传推介活动，提升环县羊羔肉品牌效应，带动产业提质、产品溢价增效，叩响全国市场的大门。2021 年 6 月 18 日，国家体育总局训练局和环县人民政府在北京举行新闻发布会，"环县羊羔肉"作为甘肃省唯一入选的农产品，被列入国家体育总局训练局"国家队运动员备战保障产品"。发布会现场，大到展台，小到桌签，处处生机勃勃的绿色，不仅寓意"环县羊羔肉"的鲜和美，更代表环县羊产业"绿色发展"的永恒主题。20 多家主流媒体和与会嘉宾，通过对环县羊产业、羊肉产品的了解，对"环县羊肉十八吃"产品的品鉴，向全国宣传推介"环县羊羔肉"品牌。2022 年 8 月，"中国羊谷·善美环州"巨幅灯箱亮相北京天安门《辉煌的中国》主题展，环县作为辉煌中国的一分子，通过北京向全国乃至世界展现了"环县羊羔肉"区域品牌的魅力和风采。

现在，环县羊羔肉已赢得了社会各界的认同和赞誉，其品牌价值也水涨船高、实至名归。品牌宣传效应有效推动了全县羊产业健康发展，真正推动了羊业兴、县域强、就业稳、百姓富、人心顺的产业振兴目标。

（二）人才培养创潜力

产业振兴，关键在人。无论是培育特色农业，还是推进农业科技创新，都离不开人才的支撑。农村人口老龄化、缺人才、留不住人等问题凸显，而环县人民政府重视乡村振兴人才的开发利用，尤其是对乡土人才的开发利用，树立"有用就是人才、人才就在身边"的新理念。重视培养乡土人才为环县发展增添了不少新活力。

1. 组建科研团队，促进科技创新

庆阳市提出实施乡村振兴人才培育"百千万"计划，与环县养羊专业团队培养同出一辙，聘请组建专家团队，参与农牧业科技项目实施，承担科技试验、示范和推广任务。环县组建以 32 名外国高级专家为主的"国际队"、以 63 名国内权威专家为主的"国家队"和 15 名市、县两级畜牧兽医工程师为主的"地方队"，建成环县现代羊产业研究院、草产业研究所、奶山羊研究所、肉羊科技发展研究所、环州羊肉食品研究所，累计建成马铃薯、中药材、设施瓜菜、山地苹果等百亩试验示范点 10 个，千亩示范基地 5 处。联合省内外相关大专院校，实施中药材育苗产业联合攻关，成果转化和人才培养，形成"人才＋基地＋主体"的产业精准发展模式。促进科研与技术创新，引导产业朝着高效、环保和可持续的方向发展。

2. 健全管理团队，稳步提质增效

环县实施的肉羊产业管理人才培育"千人计划"，坚持培训带动、孵化引动、延链驱动，全面促进草羊产业提质增效。支持龙头企业和养羊合作社延伸产业链条，进一步提升全县肉羊产业科学化、规范化管理水平，稳定增加农民收入，确保打赢打好脱贫攻坚战。在全县范围内选派 1 000 名普通高校毕业生经过专业培训后到县内肉羊产业龙头企业或各类专业合作社等从事羊产业生产技术服务和经营管理工作，为养殖业者提供相关培训和教育，提高其经营管理水平，增强应对市场波动和自然灾害的能力。坚持"高精技术重点推广"和

"实用技术全面普及"相结合，通过庆环肉羊制种公司技术示范推动，累计培训 2 万名职业养羊农民投身产业发展，有效推动良种繁育、健康养殖等先进技术普及到村到户到人，科学饲养技术全面普及，科技贡献率、产出率有效提升。

3. 培养人才队伍，提供人才支撑

环县下力气培养造就素质优良的乡村振兴人才队伍，为乡村振兴提供坚实人才支撑。通过政策性引导在全县 30 周岁以下，初中以上未就业的青年中择优培训"环县养羊人"。鼓励生产经营状况好、示范带动作用强、服务群众意识强的合作社和养殖大户培养养羊致富能手。办好畜牧兽医"2＋3"委培班，为每村培养 2 名高水平技术员，保证村村有"技术指导员"、户户有"养羊明白人"。

4. 注重培育新力量

搭建养羊大学生培训平台，组建中盛培训学校，为逆流回乡的养羊大学生提供学习和发展平台。同时充分挖掘电商人才，环县充分利用线上销售平台，培育"陇上刘叔叔"、甘肃金紫花农牧有限公司等羊肉产品电商销售企业 18 家，授权线上线下销售网店 6 家，通过拼多多、快手、抖音等网络直播平台带货。推动环县羊肉畅销全国 25 个省、自治区、直辖市，出口阿联酋等国家。做到了产品不愁卖、销售有市场。凭借全县完整的羊肉供应链体系和"公司＋合作社＋基地＋农户"的新型经营模式，甘肃古耕农夫生态农业科技有限公司连续 7 年位居电商平台羊肉类畅销榜榜首，依托旗下合作社带动农户养殖，发挥公司"陇上刘叔叔""鲜给你""古耕农夫"等多个品牌的知名度和带动力，帮助养殖户销售羊肉产品，引导环县群众发展羊产业。走出了以合作社带动养殖户发展壮大，以电商渠道促进羊肉产品销售，带动农户增收致富的新路子。这些优秀人才通过积极拓宽销售渠道，持续推进环县羊羔肉品牌做大做强。肉羊品牌建设归根结底是环县人才的发力，这些案例让环县百姓看到了广阔的市场前景，顺应了环县羊羔肉的发展趋势。

塑造一个品牌、引领一方产业、推动一方振兴。环县人民政府将人才引领放在首位带动羊产业的发展，人才培养是现代化羊产业管理的内在需要，有效的人才培训能激发人才潜力，带动生产效率的提升。只有机制与人才相互成就、同心同行，才能驱动羊产业行稳致远，让特色优质的环县羊肉走出甘肃、走向全国，不断开创羊产业发展的新局面，全面推进乡村振兴。

（三）督查督办提效力

为夯实全产业链基础，健全党统一领导、全面覆盖、权威高效的监督体系，严格落实"问题精准、责任精准、措施精准"工作机制，让权力在阳光下运行。环县聚焦监督推动乡村特色产业发展，加强对推动产业链、供应链优化升级等工作落实情况的监督检查，督促各级各部门扛稳政治责任、发挥比较优势，为帮助百姓致富提供坚强保障。

1. 完善监管体系，推动高质量发展

有效的监管体系，是确保羊产业各个环节的合规运作，防范不法行为的必要举措。环县畜牧局对照工作任务按月排出督查时序，定期对标督查，发现问题及时督促整改，确保各项工作任务落实落细。实行按月调度、季分析、年考核的工作机制，羊产业开发领导小组每季度联席调度一次重点工作任务完成情况。及时掌握乡镇任务落实情况，通报督查整改情况，研究解决存在的突出问题，对工作重视不够、责任无法落实、进度推进缓慢的乡镇实行问责问效。各职能部门吃透摸准各项产业奖补政策，严厉打击投机钻营、套补骗补等违纪违法行为，做到补得精确精准，奖得公平公正，罚得心服口服，以"零容忍"的态度和决心维护羊产业发展秩序、守护好群众利益，加力加效推动草羊产业高质量发展。

2. 开展监督整治，保障长效发展

环县把羊产业发展作为监督整治的重点，抽调财政、审计部门专业人员，对养羊规模大、项目资金投入多、廉洁风险高的 6 个重点乡镇及 6 个龙头企业、8 个专业合作社开展专项监督检查，针对入股分红不及时、项目资金支付程序不规范、资金资产闲置浪费、虚报套取扶贫补贴资金、公益性岗位管理不规范、农村集体扶贫资产流失、羊只保险理赔不及时等问题出台了环县关于完善联农带农机制、促进羊产业提质增效、县级财政衔接推进乡村振兴补助资金管理、乡村公益性岗位管理等制度，向县委、县政府提出规范项目资金监管、清算核查资产资源、加大产业政策宣传力度、建立保障产业发展长效机制等意见。

3. 加强作风建设，重视考核激励

深挖草羊产业发展领域资金支付不合规、资产闲置等问题背后的责任和作风问题，查处乡镇及职能部门不作为、慢作为、弄虚作假等作风问题。县政府按照分年度屠宰目标，对龙头企业和乡镇按月下达羊只交售和屠宰交任务。实行按月考核，每月召开评比大会，按月兑付奖补资金。当月完不成任务的累计结转，完成任务后再兑付奖补资金。育肥合作社由各乡镇负责分解任务，并进行考核兑现奖补资金。养殖户交售羊只时，奖补资金由育肥合作社先行代付，乡镇审核后再兑付给合作社。龙头企业的奖补资金，由县畜牧兽医局直接兑付。

4. 强化监管服务，确保政策落实

环县加强督查检查和业务指导，督促乡镇按计划落实羊只收售和奖补资金兑付，确保政策全面落实；县财政综合事务中心、金融单位加强信贷资金的用途监管，对不规范使用的及时收回；各乡镇加强对育肥社户羊源、财务监管，全面摸清羊只底数，核定自产羔羊数量，建立工作台账，防止县外流入羊只套取奖补。对已享受草畜产业扶持政策的养殖社户每年进行一次全面核查，督促存栏不足的养殖社户及时补栏；县乡两级农业综合行政执法队充分发挥监督执法职责，常态化开展巡查执法，从严从快打击非法贩运羊只、不正当竞争扰乱市场秩序等违法行为，确保育肥羊源充足稳定、政策落实有力有效。同时，环县全面建立正负清单管理制度，对企、社、户进行全覆盖监管，对生产经营良好，示范带动作用强，进行标准化饲喂（兽药、饲料使用符合国家相关规定），能够完成保护价收购等任务的，在资金、项目、政策等方面给予优先支持。

督查督办是提升效率和执行力的有效途径。高效执行是产业发展过程中在激烈市场竞争中获取抢占胜利制高点的利器，而执行不力往往是产业发展的"软肋"。如果没有强有力的督促检查手段，在决策的实现过程中就有可能出现不落实的环节和不落实的问题，如果不落到实处，再好的决策都不会达到理想的效果。

三、健全机制增强发展引擎

（一）产业融合助振兴

产业振兴既是乡村振兴的题中之义，更是建设农业强国的基础支撑。习近平总书记曾强调，"农业农村工作，说一千、道一万，增加农民收入是关键。要加快构建促进农民持续较快增收的长效政策机制，让广大农民都尽快富裕起来"。农民增收问题一直是"三农"工作的中心任务，也是推进共同富裕取得实质性进展的难点所在。2024年中央1号文件《中共中央、国务院关于学习运用"千村示范、万村整治"工作经验有力有效推进乡村全面振兴的意见》指出，"坚持产业兴农、质量兴农、绿色兴农，加快构建粮经饲统筹、农林牧渔并举、产加销贯通、农文旅融合的现代乡村产业体系，把农业建成现代化大产业"。

1. 农文旅融合发展

环县地处中国北方农牧交错带，气候干旱，传统农业基础较弱，农民依靠传统农业发展模式增收困难，而通过发展农村三产融合，则可以通过按股分红、按交易额返利、产品高附加值等方式获得较高的收入，改变过去处于利益分配机制末端的被动局面。环县立足于此积极把草羊产业发展作为强县域、富百姓的主导产业，环县作为传统的畜牧大县，多年来一直将肉羊产业作为全县经济发展的首位产业，此外环县持续以打造"红色环县""中国羊谷""皮影之乡"三大品牌为目标，突出以"红"为底色、以"古"为特色，结合草羊产业"融合化"发展，在能人的带动下，探索出"一户一品、自主经营、人人参与、抱团发展"的农文旅融合发展模式,让全县群众在农文旅融合的发展道路上有"乡愁产业",并能抱团发展,让山区无人问津的土特产飞出山沟沟,成为群众实实在在的收入。从而深入挖掘文旅资源禀赋,以文塑旅、以旅彰文,围绕"吃、住、行、游、购、娱"全链条谋划,一体化推进全县文旅融合发展,带动全县旅游提质增效。

2. 一二三产业融合发展

在羊产业方面,按照前端创新育种、中端扩繁育肥、末端加工销售的总体思路,探索形成了"引育繁推一体化、种养加销一条龙"的发展模式和政、企、研、社、村、户、服"七位一体"的产业体系,引进培育龙头企业 7 家,建办合作社 368 个,培育养羊专业乡 8 个、专业村 46 个,羊只饲养量达 256.5 万只,走出了"三羊开泰、共发羊财"的县域经济发展之路。做大做强县域经济,必须大力培育优势产业。环县不仅畜牧业发达,更有丰富的风能和太阳能资源,该县抢抓国家陇东能源化工基地建设机遇,先后引进华能、华电、万盛矿业等技术先进、资金雄厚的中央企业参与开发,不仅产生了良好的经济和环境效益,也盘活了乡村土地资源、旅游资源、产业资源以及农村集体资产,为县域经济发展注入新活力。环县积极探索特色产业融合发展道路,目前主要以第一产业为主导的二、三产融合发展模式,以"原产地特色+原材料加工"的消费驱动模式,推进一二三产业融合发展,创新出一产带动二产和三产发展,实现特色农产品→加工→服务体验(旅游观光、休闲及度假、互联网应用、物流仓储、销售等)的全产业链发展模式。

3. 环县坚持树立正确发展导向,倡导全民共享全民参与理念

通过村集体经济代表农牧民利益,发展成果全民共享是各村级组织发展壮大村集体经济的初心,因此,充分调动农牧民群众积极参与乡村发展,因地制宜,实现村集体经济效益最大化,保障农牧民群众的权益,使其获得实实在在的收益,吸引更多的农牧民群众积极参与村集体经济,不断做大做强,是该集体经济不断发展壮大的一个重要原因,也是实现全产业链发展模式的基础。通过强化示范引领和协同推进,发展壮大集体经济,借助基层各级党组织和驻村工作的示范引领和政策指导,将农村集体经济融入乡村振兴战略大局中去谋划协同推进,在组织规划、培训、制度建设完善等方面建立对接服务机制,更好地促进乡村集体经济健康良性发展。不断深化改革集体经济。村集体经济通过不断深化改革,才能保持强大的生命力,才能发展壮大。新发展阶段,环县村集体经济组织充分发挥依托本地具有特色乡村优势旅游资源的村庄,依托本地传统乡村手工艺等,让游客体验住窑洞、吃羊肉、逛环州故城,从而初步探索多元化、有本地特色、有核心竞争力的农旅融合,形成融合发展的乡村文化旅游新道路。

产业融合增值收益的具体实现渠道有很多，包括延长产业链发展新模式实现多环节增值，如推动农产品初加工、精深加工、综合利用加工，发展电子商务；拓展农业功能实现多元化增值，如立足乡村资源禀赋与比较优势，彰显农业农村的休闲观光、文化体验、生态涵养、健康养老等多重功能与价值；培育新业态实现多层次增值，如将现代信息技术应用于农业生产、经营、管理和服务全过程，发展智慧农业、生态农业；打造新载体实现多平台增值，如培育田园综合体和农业型特色小镇，优化要素组合，引导产业集聚。环县也在不断探索开拓适合当地的产业融合思路，加大力量补齐短板，增强产业链、供应链的完整性、稳定性和竞争力。

（二）聚焦市场抓契机

从产业参与的视角看，激活产业既要加快市场机制作用与功能的改革，又要推进政府职能转变的改革。充分发挥政府与市场的分工协同效应，是构建产业振兴长效机制的重要保障。发挥市场在资源配置中的决定性作用。坚持把做大做强羊产业作为当前乃至今后很长一个时期内促进农业增效、农牧民增收的战略性支柱产业来抓。组建养殖联盟，减少养殖环节效益流失，健全利益联结机制，打通养殖户、养殖合作社、养殖龙头企业等之间的利益链条，促进环县羊产业高质量发展。充分发挥畜牧部门的纽带和桥梁作用，建立信息服务平台，进一步拓展市场空间，实现"组团发展、风险共担、利益共赢"的发展格局。

1. 加强利益联结，优化分配机制

从外部着眼，科学研判、准确把握市场形势是开拓市场的重要前提，从2021年起环县开始全面推广"退羊到户、社带户养"，按照"三退一不退"原则（退股不退钱、退股不退社、退股不减收、不具备条件不退股），进一步降低入股资金风险，提高养殖效益，确保入股农户收益翻番，将入股资金折算为湖羊基础母羊，引导养殖企社退股还羊，实现化整为零、分散经营，降低入股资金的运行风险、养殖企社的经营风险和产业发展的市场风险，严把退股户遴选、退股羊甄别、退股标准制定三道关口，确保农民不吃亏。首先，退股不退社联动发展。突出"资金脱钩、服务升级"，推动利益联结机制由入股分红向服务增收转变。龙头企业变直接分红为产业链带动，集中精力做好终端产品加工、产业品牌塑造和区域市场开拓。合作社通过退股，从现金分红中解放出来，充分利用盈余资金和信贷扶持扩建圈舍、补栏增养、扩大生产，开展专业集中育肥，上联龙头企业交售育成羊，下联农户优化技术支撑、收购断奶羔羊，打通产品上行和技术下行通道。其次，退股不减收高效增收。按照"生产在家、合作在社"的方式，通过"退股还羊"引导农户专心开展肉羊繁育，退

出生产要求更高的育肥环节，全面提升发展效益。

2. 坚持"保价收购"，稳定产业发展

积极应对周期性价格波动，出台《关于促进羊产业健康稳定发展的十条意见》等政策文件，精准落实"双保护价"收购政策，通过政策性补贴"微调控"，护航羊产业稳定发展。首先，保农户稳信心。按照分级定价、分类定价的原则，适时调整断奶羔羊、种用羔羊、淘汰母羊收购保护价格，全等级、全覆盖开展肉羊保护价收购，其中湖羊断奶羔羊40斤720元保护价收购，超出部分每斤10元，全面高于市场当期价格。其次，保企业稳生产。县财政列支专项补贴，支持中盛屠宰场将一级羔羊胴体56元/千克调整为60元/千克，保证屠宰场羊源充足，育肥场销路畅通。确保全县羊产业生产链、供应链长期稳定。

3. 聚焦上下联动，保障企社增效

充分发挥育肥合作场社上联龙头企业订单交售育成羊，下联农户优化技术指导、订单收购育肥羊作用，结合"金羊供应链贷"精准供给、标准育肥技术推广、社会化防疫服务跟进、屠宰交售协调专班服务，全环节破除养殖企业发展难题。通过收购农户羊只，对农户进行项目培训，通过精细化、标准化饲养（分圈养，分灶吃），做好前端服务来降低羊只死亡率，和农户形成利益联结共同体。有了政府的大力支持，育肥企社扩大经营规模，实行"订单收购县内肉用断奶羔羊或自产羔羊，育肥交售中盛食品厂屠宰，分品种每只给予40～50元育肥奖补和70元屠宰奖补"的扶持政策，推动213家养殖合作社由"养殖扩繁、带农分红"向"育肥增效、服务增收"转变，有效保障了育肥合作社销路畅通、中盛食品厂羊源充足，确保全县羊产业生产链、供应链长期稳定。

4. 聚焦市场拓展，保障销售增长

围绕建设西北规模最大和全国最具特色的湖羊繁育基地，采取"请进来、走出去"的方式，累计接待新疆、内蒙古、四川等地55家考察团和企业来环县考察羊产业，积极拓展新疆、甘南等地种羊市场，洽谈实施"百人万羊"进疆和"万只种羊"供应甘南行动，向甘南藏族自治州临潭县、新疆维吾尔自治区塔城市额敏县供应良种肉羊2 200只。支持中盛食品厂技改升级，对标国际标准，日屠宰能力达到1 500只，开发羊肉生鲜产品80多种，探索完善羊肉鲜销模式，助推环县羊肉产品畅销全国25个省、自治区、直辖市，出口阿联酋等国家，累计出口创汇8 761万元；依托全省乡村振兴投资基金，设立环县羊产业发展子基金1.7亿元，筹建食品加工厂1处，实施万吨羊肉预制菜精深加工项目，先期开发预制菜品20多种，市场反响良好。注重以电商营销拓展销售渠道，线上培育"陇上刘叔叔"、甘肃紫金花农牧有限公司等羊肉产品电商销售企业18家，通过多个网络直播平台带货，多方面拓展市场销售渠道。

坚持好品卖好价，持续推进品牌带动战略，持之以恒建品牌、拓销售、创利润，通过市场化的运作手段，逐步推动肉羊全产业链上市。

5. 联动抱团发展，助力乡村振兴

着眼构建"共建、共治、共享"的抱团发展格局，整合联建村各类资源，推动从单打独斗、个体营销的分割型、零散型传统发展模式，向抱团发展、区域联动的一体化、集群化发展模式转变。坚持"联合党组织抓规划、联合社拓市场、合作社包服务、种养户促生产"的发展思路，跨村创建种养基地，调优产业结构。虎洞镇张家湾村联合党委统筹区域内项目、土地、资金等各方面资源，整合联建村的14个种养合作社成立了产业联合社；毛井镇依托环县恒基肉羊养殖农民专业合作社（国家级示范社）牵头成立了产业联合社，通过3个党总支、1个联合社，构建上联支部、内联合作社、下联农户的利益联结机制，实现了产业链责任共担、利益共享，推动羊产业区域抱团式发展。创造有利于羊产业的市场环境，包括开拓新的销售渠道、建立合理的价格机制，提高产业在市场上的竞争力。

环县始终坚持把草羊产业作为巩固拓展脱贫攻坚成果、有效衔接乡村振兴的主导产业，持续优化交售奖补政策，强化联农带农机制，通过政策"软驱动"、龙头"强带动"、社户"全联动"、服务"硬保障"等鼓励养殖业者之间的合作，形成合作利益联结机制，共同应对市场挑战，分享资源和信息，推动全县羊产业稳定健康发展。

（三）技术支持助升级

环县认真贯彻落实习近平总书记关于"三农"工作的重要论述和农业科技创新的重要指示精神，以甘肃省强科技行动为契机，以建设百亿级肉羊产业大县和全国肉羊产业科技创新制高点为目标，每年投入产业科技资金2 000万元以上，突出育种创新、科技推广、人才培育等关键环节，促进创新链同产业链、人才链深度融合，为羊产业发展强基赋能，推动生产效率变革。提供科技和技术支持，包括改进的养殖技术、饲料管理、疾病防控等方面的培训，以提高养殖业者的技术水平，建立健全疫病监测和防控体系，及时应对羊群可能面临的传染病风险，确保羊产业的健康发展。

1. 坚持科技赋能，推动创新发展

环县引进龙头企业甘肃庆环肉羊制种有限公司，以育种为核心，研发推广先进科技，为全县羊产业高质量发展植入"芯片"。首先，围绕"创一流"建成研发基地。与国际专家合作建成"两线四室两中心"（冻精生产线、胚胎生产线、基因组育种实验室、基因编辑实验室、营养分析室、疫病检测室、人工授精中心、胚胎移植中心），集营养管理、技术研发展示、肉羊父本选育、山羊提纯复壮、公羊定向培育等功能于一体，打造了具有世界先进水平的肉羊良种自主创新基地。目前已取得国家实用新型专利 10 项，并在分子育种、生物育种等国际前沿领域实现了阶段性突破。其次，围绕"最先进"配备生产设备。引入国际先进设备，统一装备机器人饲喂、自动称重分群、羊群管理系统等现代化智能设施设备，运用数字化、网络化、智能化管理模式，有效提升车间计划科学性、生产过程协同性、生产设备与信息化系统的深度融合，实现温度、空气、湿度全自动控制，以精准化管理提高养殖效益。最后，围绕"最前沿"推广生产技术。充分发挥平台优势，示范推广腹腔镜人工授精、良种胚胎移植、肉羊品种选育、双羔基因鉴定、快速直线育肥等高效生产技术，实现生产效率提升 30%、质量提升 35%、经济效益提升 20%、生产成本降低 20% 的"三提升一降低"。

2. 坚持技术支撑，推动高效生产

坚持以工业化思维发展现代羊产业，从制种源头抓起，大力实施"五级二元"创"芯"工程，全产业链赋能现代科技，促进生产效率、养殖效益"双提升"。在甘肃庆环制种有限公司里，科技养羊效果到底如何？合作社给毛井镇一些基础母羊在 30 只以上、有意愿扩大规模的农户进行了免费投放实验。投放后，农户反响非常强烈，纷纷表示愿意扩群，以尽快提高收入。对群众来说，最直观的一点就是要有"看得见的效益"。杂交的羔羊外形和纯种湖羊羔不一样，而且出生时体重比纯湖羊能重两斤多，这对农户来说都是看得见的增收。环县的养殖户们愿意接纳新科技，凭着精准营养、胚胎移植、基因组选择等新技术，在肉羊产业发展中植入"科技密码"，在增收致富的"新赛道"中继续赛跑。有了科技赋能，羊产业实现了"良种化、标准化、规模化、品牌化、绿色化"转型。

3. 提升防疫技术

在规模化养羊过程中，要想实现稳定可持续发展，就必须充分考虑其实际情况积极采取有针对性的措施以有效防控疫病。所以，环县财政每年安排防疫经费 1 000 万元用于专业化防疫，县财政按照羊畜存栏数量核定畜牧兽医技术服务经费，预算到乡（镇），由乡（镇）择优选择社会化服务组织，开展动物防疫及畜牧技术服务，切实提高防疫效率和技术指导水平。制定《环县肉羊标准化育肥手册》，指导养殖场户科学制定饲料配方，规范饲喂程序，加强驱虫防疫，提高养殖效益，实现优质优养。有效增加防疫密度，提高防疫质量，环县开展无规定动物疫病区创建，通过全覆盖检测、无害化处理，净化养殖环境，落实羊只调引落地免疫制度，确保内疫不发生、外疫不传入，按照"镇不漏村、村不漏户、户不漏畜、畜不漏针、针不漏剂"的要求稳步推进，做到免疫注射全覆盖，并对各村组养殖情况摸底统计，做到全面排摸，记录准确，数

据清楚。逐步实现环县肉羊全国免检。为防止疫病传染，每隔一段时间对羊舍内外一定范围以及常用设施、用具定期进行消毒，养成定时观察羊群状态的习惯，发现病羊及时诊治，做到防患于未然。

当前，我国已进入高质量发展阶段，推动产业结构转型升级是实现经济质的有效提升和量的合理增长的必然要求。技术的发展在产业发展过程中扮演着举足轻重的角色。国家赖之以强，企业赖之以赢。以技术创新推动传统产业的效率升级、构建传统产业新的竞争优势，进而匹配国内需求变化的能力势在必行。

参考文献

陈家振，廛洪武，2022. 搭建科技服务超市平台，推进肉羊产业提档升级 [J]. 中国畜禽种业 (10)：84-87.

陈翔，王劲松，王晓静，等，2024. 基于 Probit 回归模型和 BP 神经网络模型的宁夏盐池滩羊产量影响因素及预测研究 [J]. 现代化农业 (2)：82-84.

戴维斌，乔清举，2023. 生态文明与生态文化建设 [M]. 北京：国家行政学院出版社.

董金凤，张贺，2020. 中部贫困地区畜牧业发展研究 [J]. 农业与技术 (6)：125-127.

杜妮妮，唐春霞，2019. 定西市安定区肉羊产业化联合体发展模式研究 [J]. 畜牧兽医杂志 (6)：23-24.

敦伟涛，孙洪新，刘月，2022. 河北省羊产业种业振兴思考和建议 [J]. 北方牧业 (24)：5-7.

樊慧丽，付文阁，2021. 中国肉羊生产布局变迁及驱动因素分析 [J]. 河南农业大学学报 (3)：585-593.

傅莉，2023. 寒旱区肉羊产业链建设研究：以古浪县为例 [J]. 甘肃畜牧兽医 (5)：122-125.

高斌琦，2020. 肉羊产业助力脱贫攻坚路径探析：以甘肃省庆阳市环县为例 [J]. 农村经济与科技 (9)：95-96.

高静，李建平，赵洪杰，等，2024. 肉羊绿色全产业链提质增效技术探讨 [J]. 山东畜牧兽医 (3)：25-26.

郭红东，2022. 脱贫地区特色农业如何提档升级：甘肃环县羊产业创新发展的实践探索 [J]. 国家治理 (21)：38-42.

韩海轩，2020. 基于产业链延伸与价值链提升的肉羊产业纵向协作分析 [J]. 中国市场 (17)：47-48.

韩海轩，2020. 基于市场导向的肉羊产业链优化探讨 [J]. 现代商业 (16)：42-43.

郇庆治，2018. 充分发挥党和政府引领作用大力推进我国生态文明建设 [J]. 绿色发展 (9)：42-53.

黄富万，何邦春，张帆，2021. 科技兴"羊"助力乡村振兴 [N]. 赣南日报，07-28.

黄艳平，刘美丽，王斌，等，2020. 陕西省神木市湖羊产业发展现状与对策 [J]. 畜牧兽医科学（电子版）(12)：190-191.

贾生美，邢明勋，杨建森，等，2024. "河套肉羊"区域品牌建设思考与建议 [J]. 当代畜

禽养殖业 (1)：44-46.

贾毅，王淑兰，2022. 滩羊养殖节本增效实用技术应用研究 [J]. 中国畜牧业 (16)：68-69.

姜树林，何洋，2020. 加大扶持力度提升江西肉牛肉羊生产效率 [J]. 中国畜牧业 (7)：28.

姜树林，乌兰图雅，2020. 优化产业布局提升内蒙古肉羊生产水平 [J]. 中国畜牧业 (7)：26-27.

颉满斌，2022.“国际范”优质羊助甘肃肉羊产业健康发展 [N]. 科技日报，04-15.

康术美，2024. 种羊品种改良与育肥方式创新对肉羊产业发展的影响与问题分析 [J]. 中国动物保健 (5)：95-96.

来进成，张利宇，刘瑶，2020. 加快种养一体化建设推进甘肃牛羊产业发展 [J]. 中国畜牧业 (7)：22-23.

李芳平，2020. 陇西县肉羊产业现状和应对措施 [J]. 畜禽业 (4)：56.

李凤珍，张富全，秦崇凯，等，2020. 阿克苏地区细毛羊养殖现状存在的问题及对策 [J]. 当代畜牧 (9)：59-60.

李珂璟，钟新榕，梁伟，2020. 东乡县肉羊全产业链发展路径探讨 [J]. 农业科技管理 (4)：60-64.

李奎，高慧，杨金勇，2020. 浙江省羊产业发展现状存在问题及对策建议 [J]. 浙江畜牧兽医 (3)：10-11.

李武，高霞平，熊甘霖，等，2022.“互联网+”下广西马山黑山羊产业供应链困境及路径创新研究 [J]. 安徽农业科学 (5)：192-195.

刘刚，战汪涛，曲绪仙，等，2020. 山东省肉羊产业情况分析 [J]. 山东畜牧兽医 (3)：63-65.

刘占发，陈信，田进阳，2023. 宁夏滩羊遗传资源保护利用案例 [J]. 中国畜禽种业 (9)：26-31.

路世玲，吕金玲，2024. 我市肉羊产业实现全链集群发展 [N]. 陇东报，03-18.

马成云，2021. 临夏州特色农业发展情况及对策建议 [J]. 农业科技与信息 (9)：62-64.

马君峰，2022. 发展牛羊产业与乡村振兴战略有效融合的几点思考 [J]. 畜牧兽医杂志 (3)：56-57，59.

马友记，2023. 回眸陇原羊业七十载锚定强“芯”开启新征程 [J]. 甘肃畜牧兽医 (1)：1-6.

马志超，张立中，2019. 中国西部省区肉羊产业比较优势研究 [J]. 黑龙江畜牧兽医 (20)：10-14.

毛风军，2020. 山丹县肉羊产业发展中存在的问题及建议 [J]. 甘肃畜牧兽医 (5)：74-75.

蒲子雯，2021. 基于比较优势的山东省肉羊产业发展形势与竞争力分析 [J]. 安徽农学通报 (3)：58-61.

祁金芳，2023. 数字经济视域下的特色产业转型升级路径研究：以临夏州广河县肉羊产业发展为例 [J]. 新农业 (23)：71-73.

祁占胜，2019. 牛羊产业已成为甘肃省农村特色富民产业 [J]. 畜牧兽医杂志 (6)：25-

26，31.

孙海燕，2024. 我国肉羊产业链市场价格传导机制研究 [J]. 饲料研究 (1)：181-187.

孙焕洲，范晓雪，郭锦埔，2023. 基于 DEA-Tobit 模型的南方 10 省肉羊产业效率及影响因素分析 [J]. 中国畜牧杂志 (4)：312-317.

孙嘉政，郝栋，2024. 加快形成美丽中国建设新格局 [J]. 国家行政学院学报 (5)：44-58.

王大祥，2020. 湖羊饲养管理存在问题及优化路径 [J]. 畜牧兽医科学（电子版）(10)：94-95.

王宏文，2020. 靖远县肉羊产业发展中存在的问题及建议 [J]. 甘肃畜牧兽医 (5)：76-78.

王建连，张邦林，贺春贵，2019. 甘肃省草食畜牧业发展现状及生态循环发展措施 [J]. 中国农业资源与区划 (10)：201-207.

王琼，杨杰梅，刘敏，等，2022. 河西走廊地区肉羊产业发展调研报告 [J]. 甘肃畜牧兽医 (3)：58-61.

王雅祺，杨如杰，赵正海，等，2024. 甘肃高寒地区藏羊特性及养殖技术优化路径 [J]. 北方牧业 (11)：24.

王玉娟，2022. 全力推动藏羊产业"全产业链"发展 [N]. 青海日报，11-24.

王镇海，胡茂生，2021. 环县志（上册）[M]. 西安：陕西人民出版社.

王志强，徐卫东，霍青，2019. 发挥中央财政资金示范导向作用助推肉羊品牌化进程 [C]. 第十六届（2019）中国羊业发展大会暨庆阳农耕文化节论文集：20-23.

王自科，2020. 甘肃肉羊产业扶贫模式示范推动应用浅析 [J]. 养殖与饲料 (10)：107-110.

王自科，2022. 统筹兼顾绿色发展构建现代畜牧业产业体系：甘肃省畜牧业高质量发展若干思考 [J]. 中国畜牧业 (20)：23-25.

王自科，郝志云，车陇杰，等，2024. 智慧养羊业发展现状及研究进展 [J]. 甘肃畜牧兽医 (3)：1-4，12.

王自科，黄耀华，韩芙蓉，等，2022. 甘肃省畜牧业高质量发展的实践与思考 [J]. 甘肃畜牧兽医 (3)：41-43，51.

韦琳霄，2023. 乡村振兴背景下科技促进特色产业发展探究：以广西马山县黑山羊产业为例 [J]. 智慧农业导刊 (20)：89-93.

温成韬，2020. 肉羊产业龙头企业"全产业链"经营模式研究 [J]. 营销界 (17)：17-18.

温海霞，杨冬有，王红，等，2019. 论环境对肉羊及产业的影响 [J]. 北方牧业 (18)：19-20.

文亚洲，牛春娥，岳耀敬，2022. 甘肃庆阳市肉羊产业发展态势及对策建议 [J]. 养殖与饲料 (11)：145-147.

吴丽卿，闫振富，2020. 河北省养羊业扶贫政策及模式介绍 [J]. 中国畜牧业 (9)：30-31.

吴曼，2022. 创新驱动振兴种业高效助推产业升级：访河北省现代农业产业技术体系羊产业创新团队遗传资源开发与利用岗位专家敦伟涛 [J]. 北方牧业 (23)：6-7.

吴岳，蓝震康，刘虹，2023. 县域农业龙头企业带动小农户衔接现代农业发展对策研究：以商河县花卉产业为例 [J]. 现代化农业 (12)：66-69.

习近平，2020. 习近平谈治国理政. 第 3 卷 [M]. 北京：外文出版社.

习近平，2022. 高举中国特色社会主义伟大旗帜为全面建设社会主义现代化国家而奋斗——在中国共产党第二十次全国代表大会上的报告 [M]. 北京：人民出版社.

习近平，2022. 坚持把解决好"三农"问题作为全党工作重中之重举全党全社会之力推动乡村振兴 [J]. 求是（4）：1-6.

习近平，2022. 坚守初心共促发展开启亚太合作新篇章 [N]. 人民日报，11-18.

习近平，2023. 加快建设农业强国推进农业农村现代化 [J]. 新长征（7）：4-11.

谢颖山，2023. 甘肃省肉羊产业高质量发展若干思考 [J]. 甘肃畜牧兽医（6）：105-107，116.

新华社，2015. 中共中央、国务院关于加快推进生态文明建设的意见 [EB/OL]. https://www.gov.cn/gongbao/content/2015/content_2864050.htm.

熊忙利，邢蕾，吴旭锦，等，2022. 中国传统文化融入高职牛羊生产技术课程中的应用效果 [J]. 当代畜牧（11）：55-56.

徐胜静，李娜，韩帅帅，等，2024. 基于 CiteSpace 肉羊养殖技术研究的文献计量分析 [J]. 上海畜牧兽医通讯（2）：24-28.

许凌，2022. 惠农助农振兴滩羊产业 [N]. 经济日报，12-01.

薛莉，刘静，2021. 种草养羊"一条链"产业壮大"摘穷帽"：来自甘肃环县的调查 [J]. 农村工作通讯（11）：54-56.

杨德智，2019. 庆阳市湖羊产业现状、存在的问题及发展策略 [C]. 第十六届（2019）中国羊业发展大会暨庆阳农耕文化节论文集：46-48.

杨涛，罗锦楠，罗燕琴，等，2020. "山羊出山"："互联网＋"背景下黔北麻羊全渠道营销模式构建 [J]. 现代商贸工业（12）：50-52.

尹亚斌，刘源，2020. 提升竞争力推动肉牛肉羊产业持续健康发展 [J]. 中国畜牧业（7）：14-15.

袁勇，陈广仁，潘晓荣，等，2020. 干旱半干旱区发展肉羊产业重要意义 [J]. 畜牧兽医科学（电子版）（10）：184-185.

张辉，2019. 合作社养羊模式中疫病防控工作存在的问题及建议：脱贫攻坚羊产业发展之思考 [J]. 甘肃畜牧兽医（9）：17-19.

张善卫，2022. 发展养羊产业助推乡村振兴初探：以陕西省安康市汉滨区为例 [J]. 饲料博览（4）：77-80.

张希铭，赵慧峰，冯肃，等，2023. 基于 DEA-Malmquist 指数的肉羊全要素生产率分析：河北省与优势省份的比较 [J]. 河北农业大学学报（社会科学版）（6）：98-106.

张喜花，陈秉谱，张燕，2022. 甘肃省环县农户肉羊养殖意愿影响因素分析 [J]. 农业工程（2）：143-148.

张延，李海全，胥江，2023. 北川：白山羊产业激活乡村振兴新引擎 [N]. 绵阳日报，09-18.

张永强，常金鑫，2022. 我国散养肉羊养殖成本效率和养殖效益的影响因素研究：基于5个样本省份（自治区）的面板数据 [J]. 黑龙江畜牧兽医（12）：1-6，11.

赵崇学，关有席，孔垂永，2019. 武威市肉羊产业发展现状及提质增效路径思考 [J]. 畜牧兽医杂志（6）：35-37.

赵文伯，叶明伟，周光明，等，2024. 四川种羊资源利用和产业发展现状调查 [J]. 四川畜牧兽医（6）：3-7.

赵有璋，2020. 中国肉羊产业发展趋势、存在主要问题和建议对策 [J]. 现代畜牧兽医（1）：54-57.

中共中央党史和文献研究院，2019. 习近平关于"三农"工作论述摘编 [M]. 北京：中央文献出版社 .

中共中央文献研究室，2017. 习近平关于社会主义生态文明建设论述摘编 [M]. 北京：中央文献出版社 .

朱清杰，张志全，闫振富，2020. 从三次"养羊热"看怎样引导羊产业发展 [J]. 中国畜牧业（7）：36-38.

祝宏辉，徐光艳，2019. 肉羊生产效率及其影响因素研究：基于 DEA-SFA 方法对新疆肉羊生产率的分析 [J]. 价格理论与实践（9）：63-66.

附录

养殖机构访谈提纲

时间：_____ 访员：_____

机构：_____ 被访者姓名：_____ 联系电话：_____

　　乡村振兴的关键是乡村产业的振兴，产业振兴的关键是高质量可持续发展，高质量可持续发展的关键在于全产业链的转型升级，全产业链转型升级的关键首先是产业的顶层设计，包括产业的结构、资源要素的配置、政策制度机制、技术的创新性。

　　1. 羊产业作为精准扶贫主导产业确立的背景是什么？

　　2. 请您介绍羊产业养殖的现状（规模情况、分布情况、目前养殖户有多少？养殖规模如何？生产总值是多少，生产总值占比是多少？政府投入经费是多少）。

　　3. 请您介绍羊产业养殖主体情况（龙头企业、合作社、农场主、养殖户、养殖基地），养殖技术培训情况（培训对象、培训规模、培训方式及层次）。

　　4. 羊产业将贫困户纳入产业链当中的政策、机制、制度是什么？贫困户的利益是如何保证的？

　　5. 如何构建种养结合、农牧循环的模式？资源配置的机制体制是什么？宜居乡村建设的思路及建设成效如何？

　　6. 产业链、价值链、利益链是如何协调的？

　　7. 如此庞大的产业、投资、融资、引资是如何保障的？

　　8. 产业链在政府层面上是如何管理的？机构、管理团队和技术团队之间是如何组织运作的？

　　9. 产业的风险防范和风险化解是如何保障的？

　　10. "中国羊谷·善美环州"的地域品牌是如何打造的？

　　11. "环县羊羔肉"是环县羊产业的产品品牌，是如何打造、如何营销的？

12. 羊产业与地方文化如何互融互促（如节庆假日、肉羊美食节、环州故城节、美食街打造、红色文化的传承）？

13. 党建引领羊产业发展中如何创新？

14. 环县羊产业发展取得的巨大成就、得出的宝贵经验是什么？特别是促进地方和社会发展的成就是什么？

15. 羊产业参加保险情况（参加保险数、保费、赔偿）。

16. 羊产业在精准扶贫与乡村振兴衔接方面的经验有哪些？

17. 养殖中存在的问题是什么？采取的措施有哪些？

龙头企业（合作社、农场）负责人访谈提纲

时间：_____　　访员：_____

机构名称：_____被访者姓名：_____联系电话：_____

1. 请您介绍本企业（合作社、农场）发展情况（企业员工、主要业务、市场地位）。

2. 请您介绍本企业（合作社、农场）效益情况（养殖周期、养殖规模、销售额、成本、利润、副产品收入、每只羊的毛利润）。

3. 请您介绍本企业（合作社、农场）联农带农利益联结机制是如何构建的？

4. 请您介绍本企业（合作社、农场）政府对企业补贴情况是怎么样的？

5. 请您介绍本企业（合作社、农场）融资情况（融资渠道、融资难易情况）。

6. 请您介绍本企业（合作社、农场）参加农业保险情况（保险费用、赔偿情况）。

7. 企业（合作社、农场）生产经营过程中遇到的困难有哪些？是怎样去解决这些问题和困难的？

8. 请您介绍本企业（合作社、农场）产品的销售渠道、市场价格、销售策略、影响因素等。

9. 本企业（合作社、农场）在生产经营过程中政府的支持政策有哪些？落实情况如何？希望得到哪些支持？

10. 本企业（合作社、农场）采取的经营模式是什么？具体的运作如何？

11. 本企业（合作社、农场）生产技术难题及解决渠道是什么？

12. 本企业（合作社、农场）发展的市场前景情况如何？

乡（镇）、村干部访谈提纲

时间：_____ 访员：_____
地点：_____被访者姓名：_____联系电话：_____

　　1. 请您介绍本乡（镇）或本村的基本情况（区位优势、人口、产业、基础设施、公共服务等情况）。
　　2. 请您介绍本乡（镇）或本村养殖的现状（规模情况、参加的农户、劳动力从业情况、收入构成情况）。
　　3. 请您介绍本乡（镇）或本村的养殖合作社、龙头企业、农场主（大户）、养殖户情况及带动农户情况。
　　4. 请您介绍本乡（镇）或本村养殖风险情况、参加农业保险情况、赔偿情况。
　　5. 请您介绍本乡（镇）或本村养殖典型案例、模式（党建引领、循环农业、成本收益、利益联结机制）。
　　6. 农户养殖过程中存在的主要问题是什么？
　　7. 养殖过程中政府开展技术指导、培训等情况如何？
　　8. 养殖户养殖成效如何？

养殖户访谈提纲

时间：＿＿＿＿＿＿＿＿＿＿　　访员：＿＿＿＿＿＿＿＿
地点：＿＿＿＿镇（乡）＿＿＿＿村＿＿＿组＿＿（门牌）号
被访者姓名：＿＿＿＿＿＿＿＿＿＿联系电话：＿＿＿＿＿＿＿

1. 请您简单介绍家庭情况（家庭成员数量、受教育情况、健康状况、从业情况）。

2. 请您介绍家庭养羊情况（养殖历史、规模、出栏等）。

3. 请您介绍养羊利润情况（饲料费用、医药费用、羔羊投入、劳动力投入等情况；销售数量、价格、销售渠道、销售策略等；单位羊的成本、销售收入、养殖时间等）。

4. 请您介绍家庭经营情况（如散户养殖、入股合作社、集体经济带动、订单）。

5. 请您介绍养殖过程中的融资情况（如政府补贴、银行贷款、自有资本）。

6. 您在养羊中考虑过养殖风险吗？参加了农业保险吗？保险费用是多少？享受过保险赔偿吗？政府对参加保险有补助吗？

7. 养殖中有哪些困难？防疫措施有哪些？

8. 养殖过程中有哪些养殖技术提升措施，具体有哪些培训和指导？

9. 请您介绍您家养羊的成功或失败的经验教训？

10. 您今后关于养羊的养殖计划是怎样的？

11. 你们村还有什么特色产业（如小杂粮、红色游、乡村游、传统文化传承保护等）？

后　记

　　强国必先强农，强农需重畜牧。畜牧业确保了国内食物供应稳定和安全，对增加农牧民收入、促进农牧区经济发展和共同富裕具有重要意义，是建设农业强国的重要一环。为推动环县羊产业高质量发展，实现农业农村现代化，环县县委、县政府、各界组织以及环县人民都作出了诸多的努力，从顶层设计到基层实践、从散户养殖到规模养殖、从单一发展到全产业链构建、从本地销售到品牌打造、从土法养殖到科学喂养、从农牧业发展到一二三产业融合发展，全县上下秉持"众口一词念羊经、一心一意兴羊业、千家万户发羊财"的共识，形成了肉用绵羊、奶山羊、陇东黑山羊三"羊"开泰的繁育养模式，构建了"五级二元"生产模式，推动环县羊产业发展为实现农民增收、农业增效、农村富裕作出了重要贡献，使革命老区的面貌发生了翻天覆地的变化。

　　环县羊产业虽然取得了显著成就，但仍面临着诸多挑战和机遇。在未来的发展中，我们期待环县能够继续坚持创新驱动，加强品牌建设，提升产业链的附加值，实现羊产业的可持续发展。我们期待环县羊产业能够继续以其独特的发展模式，为实现农业农村现代化和乡村振兴战略目标作出更大的贡献。同时，我们也希望本书能够激发更多关于羊产业发展的思考和讨论，为乡村振兴战略的深入实施贡献力量。

　　本书的完成离不开团队成员的共同努力，马金娥、张英英、侯庆丰、薛小东共同参与完成了本书的撰写工作。侯庆丰负责设计框架思路，组织实地调研；薛小东负责参与实地调研和书稿的整理工作；马金娥负责书稿第五至八章的撰写，共计 10 万字；张英英负责书稿第一至四章的撰写，共计 10 万字。每位成员的专业背景和深入研究为本书的深度和广度提供了坚实基础。

侯庆丰

2024 年 8 月

图书在版编目（CIP）数据

乡村振兴背景下环县羊产业发展路径、机制及模式 /
马金娥等著. -- 北京：中国农业出版社，2024.9.
ISBN 978-7-109-32462-6

Ⅰ. F326. 374. 24

中国国家版本馆 CIP 数据核字第 2024KB2808 号

乡村振兴背景下环县羊产业发展路径、机制及模式

XIANGCUN ZHENXING BEIJING XIA HUANXIAN YANGCHANYE FAZHAN LUJING、
JIZHI JI MOSHI

中国农业出版社出版
地址：北京市朝阳区麦子店街 18 号楼
邮编：100125
责任编辑：姚 佳 王佳欣
版式设计：王 晨 责任校对：吴丽婷 责任印制：王 宏
印刷：北京中兴印刷有限公司
版次：2024 年 9 月第 1 版
印次：2024 年 9 月北京第 1 次印刷
发行：新华书店北京发行所
开本：700mm×1000mm 1/16
印张：10.5
字数：200 千字
定价：88.00 元